100 SKANAUS GUMBO RECEPTAI

GERIAUSIAS GUMBO MIŠINIS

Andrius Degutis

Visos teisės saugomos.

Atsisakymas

Šioje el. knygoje pateikta informacija turi būti visapusiškas strategijų, apie kurias šios el. knygos autorius atliko tyrimą, rinkinys. Santraukas, strategijas, patarimus ir gudrybes rekomenduoja tik autorius, o šios el. knygos skaitymas negarantuoja, kad rezultatai tiksliai atspindės autoriaus rezultatus. Elektroninės knygos autorius dėjo visas pagrįstas pastangas, kad elektroninės knygos skaitytojams pateiktų naujausią ir tikslią informaciją. Autorius ir jo partneriai neprisiima atsakomybės už bet kokias netyčines klaidas ar praleidimus. El. knygos medžiagoje gali būti informacijos iš trečiųjų šalių. Trečiųjų šalių medžiagą sudaro jų savininkų nuomonė. Todėl el. knygos autorius neprisiima atsakomybės už bet kokią trečiųjų šalių medžiagą ar nuomones.

El. knygos autorių teisės priklauso © 2022, visos teisės saugomos. Visą ar dalį šios el. knygos platinti, kopijuoti ar kurti išvestinius kūrinius yra neteisėta. Jokia šios ataskaitos dalis negali būti atgaminta ar perduota bet kokia forma be raštiško ir pasirašyto autoriaus leidimo.

TURINYS

TURINYS3..

ĮVADAS7..

PAGRINDINIAI RECEPTAI9..
  1. Roux10..
  2. Jūros gėrybių atsargos12..
  3. Paukštienos atsargos14..
  4. Ryžiai16..
  5. Kreolų prieskoniai18..

GUMBO RECEPTAI20..
  6. Vištiena ir krevetės Gumbo21..
  7. Okra Chicken Gumbo..24
  8. Olandiškas orkaitės šukutės gumbo27..
  9. Dutch Oven vištienos gumbo29..
  10. Olandiškas orkaitės antis gumbo31..
  11. Gulf Coast Gumbo34..
  12. Vištiena, krevetės ir Tasso Gumbo38..
  13. Kreolų Gumbo42..
  14. Kreolų jūros gėrybės Gumbo45..
  15. Vištiena ir Andouille'as Gumbo49..
  16. Krevetės ir Okra Gumbo52..
  17. Super Gumbo55..
  18. Cajun Hen Gumbo59..
  19. Putpelis Gumbo62..
  20. Gumbo z'Herbes66..
  21. Filé Gumbo70..
  22. Šamas Gumbo73..
  23. Kopūstas Gumbo76..
  24. Turkija Gumbo79..
  25. Roux-less Gumbo82..
  26. Antis ir Andouille'is Gumbo86..
  27. Troškinta žąsis ir Foie Gras Jambalaya90..
  28. Juodoji Jambalaya93..

29. Vištiena, krevetės ir dešra Jambalaya96
30. Vėžiai ir dešra Jambalaya99
31. Pastalaya102
32. Slow Cooker Jambalaya105

LAGNIAPPE108

33. Vėžių biskvė109
34. Crawfish Étouffée113
35. Vėžių pyragėliai116
36. Nešvarūs ryžiai119
37. Kiaušiniai Sardou122
38. Kruopos ir grotelės125
39. Natchitoches mėsos pyragai128
40. Austrių artišokų gumbas131
41. Austrių padažas134
42. Austrių puodo pyragas137
43. Austrė Rokfeleris Gumbo141
44. Jūrų ešerių rūmų sultinys144
45. Raudonosios pupelės ir ryžiai147
46. Krevetės ir kruopos150
47. Krevetės Rémoulade153
48. Pipirų želė156
49. Įdaryti Mirlitonai158
50. Vėžlys Gumbo161
51. Ryžiai ir pupelės su keptais kiaušiniais165
52. „Huevos Rancheros" pusryčių troškinys168
53. Mango ir pupelių pusryčiai Burrito Bowl172
54. Slow Cooker įdaryti varpiniai pipirai175
55. Mišrios pupelės ir ryžiai Dip178
56. Pinto pupelės ir ryžių rutuliukai181
57. Keptų pupelių, ryžių ir dešrų rutuliukai184
58. Ilgagrūdžiai ryžiai ir pintos pupelės187
59. Lime vištiena su kiaušinyje keptais ilgagrūdžiais ryžiais190
60. Ilgagrūdžiai ryžiai Hoppin' John194
61. Meksikos įkvėptos Pinto pupelės ir ryžiai197
62. Pinto pupelės ir ryžiai su kalendra200
63. Ispaniškos Pinto pupelės ir ryžiai204
64. Vieno puodo ryžiai ir pupelės208
65. Pietinės pintos pupelės ir ryžiai211

66. Pinto pupelės ir ryžiai bei dešra 213
67. Gallopinto (Nikaragvos ryžiai ir pupelės) 216
68. Pupelių padažas ir pomidorai ant ryžių 220
69. Cajun pinto pupelės 224
70. Ryžiai ir pupelės su sūriu 227
71. Pinto pupelės ir šafraniniai ryžiai 230
72. Taco prieskoniai ryžiai su pinto pupelėmis 233
73. Indijos moliūgų ryžiai ir pupelės 236
74. Meksikos kaubojų pupelės 239
75. Karibų šventė 242
76. Jamaikos džekfrutas ir pupelės su ryžiais 246
77. Ryžių plovas su pupelėmis, vaisiais ir riešutais 250
78. Pupelių ir ryžių cha cha cha dubuo 253
79. Ropių kepimas su pupelėmis 256
80. Ryžiai su aviena, krapais ir pupelėmis 259
81. Sūrios Pinto pupelės 263
82. Ryžiai ir pupelės su baziliko pesto 266
83. Šoninis kepsnys su pupelėmis ir ryžiais 268
84. Afrikiniai ryžiai ir pupelės 271
85. Tumbleweed, pinto pupelių ir ryžių salotos 274
86. Pinto pupelių, ryžių ir daržovių salotos 277
87. Edamame ir Pinto pupelių salotos 280
88. Ryžių ir pupelių salotos su maltu crudité 283
89. Pupelių ir ryžių gumbas 286
90. Čili con Carne 289
91. Veganiški ryžiai Gumbo 291
92. Pupelių ir ryžių buritai 294
93. Ryžių ir pupelių rinkiniai 297
94. Keptos Pinto pupelės Flautas su ryžių miltais Tortilla 300
95. Ryžių ir pupelių enchilados su raudonu padažu 304
96. Ryžių ir pupelių kesadilijos 307
97. Peru tortas Tacu Tacu 310
98. Šarminiai troškinti žirniai su koldūnais 314
99. Okra Curry 317
100. Augalinis kokosinis karis 319

IŠVADA 321

ĮVADAS

Gumbo yra kreolų ir kajunų virtuvės esmė, privalomas patiekalas kiekvieno restorano meniu ir namų ruošos širdis. Čia pristatomi geriausi vietiniai vėžiagyviai, taip pat vietinės dešros, paukštiena, laukiniai žvėrienai ir prieskoniai. Jis kilęs iš Luizianos XVIII amžiuje ir kilęs iš bantu kalbos žodžio okra (gombo) arba choctaw žodžio, reiškiančio filé (kombo). Ir okra, ir filė, kurie yra vietinių amerikiečių naudojami malti sassafras lapai, kartu su roux, aliejuje apskrudintų miltų pagrindu, yra gumbo tirštikliai. Labiausiai paplitęs tirštiklis yra roux, panašus į padažą. Nuo to, kiek jis parudavęs, priklauso gumbo spalva. Vietiniai virėjai dažnai gamina tamsiai rudą spalvą, kuri suteikia galutiniam produktui gilų ir tvirtą skonį. Tradiciškai svogūnai, salierai, Paprika (žinoma kaip vietinio maisto gaminimo trejybė) ir česnakai apkepami, o sultinys dedamas Gumbo gamybai. Sudedamosios dalys – nuo vėžiagyvių iki paukštienos ir laukinių medžiojamųjų paukščių – sukuria gumbo tipą ir skonį. Prieskoniai, tokie kaip kajeno pipirai, čiobreliai ir lauro lapai, pakeičia patiekalo skonį, kad patiktų virėjui, o gumbas patiekiamas dubenėliuose ant ryžių.

Išsiskiriantys gumbo stiliai yra kreolų (Naujasis Orleanas) ir Cajun (pietvakarių Luiziana). Kreolas naudoja pomidorus, o Cajun ne. Todėl vienas yra rudas, o kitas – rausvai rudas. Kreolų gumbo pagrindas yra plonesnis, o Cajun gumbo yra nuoširdesnis, tamsesnis, o kartais ir storesnis, todėl labiau tinka žvėrienai, pavyzdžiui, laukinėms antims. Pietų Luizianoje gumbos patiekiamas ant visų stalų, tiek turtingų, tiek vargšų, o daugumoje restoranų – prabangių ar kitokių.

PAGRINDINIAI RECEPTAI

1. Roux

GAMINA APIE 1 PUODĮ

INGRIDIENTAI

1/2 puodelio augalinio aliejaus

1/2 puodelio universalių miltų

KRYPTYS

Dideliame, sunkiame puode ant stiprios ugnies įkaitinkite aliejų; suberkite miltus ir nuolat maišykite, kol mišinys pradės ruduoti. Sumažinkite ugnį iki vidutinės arba vidutinės-žemos ir virkite nuolat maišydami, kol roux bus vidutiniškai rudas arba žemės riešutų sviesto ar pieniško šokolado spalvos.

Jei norite tamsesnio gumbo, toliau kepkite, kol roux taps tamsaus šokolado spalvos. Kuo tamsesnis roux, tuo plonesnis bus gumbas. Nedeginkite roux, nes tai sugadins gumbo skonį. Jei kvepia apdegęs, vadinasi, kepė per ilgai. Dauguma gumbų yra skanūs ir šiek tiek tiršti, kai roux yra pieniško šokolado spalvos.

2. Jūros gėrybių atsargos

GAMINA 5 TAURES

INGRIDIENTAI

1 1/2 svaro krevečių, vėžių ar krabų kriauklių

KRYPTYS

Sudėkite lukštus į vidutinį puodą ir uždenkite šaltu vandeniu. Užvirinkite. Uždenkite, sumažinkite ugnį iki vidutinės ir troškinkite 30 minučių. Padermė.

3. Paukštienos atsargos

GAMINA 8 TAURES

INGRIDIENTAI

3 svarai vištienos, kalakutienos arba ančių kaulų

1 didelis svogūnas, nuluptas ir supjaustytas ketvirčiais

2 salierų stiebeliai, perpjauti per pusę

2 morkos, supjaustytos ketvirčiais

1/2 šaukštelio juodųjų pipirų

2 didelės česnako skiltelės, perpjautos per pusę

10 stiklinių šalto vandens

KRYPTYS

Sudėkite visus ingredientus į 6 litrų puodą. Užvirinkite. Sumažinkite ugnį iki vidutinės-žemos, uždenkite puodą kreivai dangčiu ir troškinkite 2 1/2 valandos. Kai pakankamai atvės, kad būtų galima tvarkyti, nukoškite. Visiškai atvėsinkite ir nugriebkite riebalus nuo viršaus. Jei gaminate anksčiau, atvėsinkite šaldytuve ir nugriebkite kietus riebalus.

4. Ryžiai

GAMINA 6-8 PORCIJAS

INGRIDIENTAI

2 puodeliai vandens

2 puodeliai praturtintų ilgagrūdžių ryžių

1/2 arbatinio šaukštelio druskos

KRYPTYS

Nedideliame puode su dangčiu užvirinkite vandenį. Įpilkite ryžių ir druskos. Sumažinkite ugnį, uždenkite ir troškinkite ant mažiausios ugnies, kol vanduo susigers, maždaug 20 minučių. Maišyti nereikia.

5. Kreolų prieskoniai

GADA 2 1/2 UNCIJOS

INGRIDIENTAI

2 šaukštai druskos

2 arbatiniai šaukšteliai kajeno pipirų

4 arbatiniai šaukšteliai šviežiai maltų juodųjų pipirų

4 arbatinius šaukštelius česnako miltelių

4 arbatiniai šaukšteliai paprikos, saldžios arba aštrios, arba pagal skonį

4 arbatiniai šaukšteliai salierų druskos

2 arbatiniai šaukšteliai čili miltelių

KRYPTYS

Vidutiniame dubenyje išplakite visus ingredientus. Laikykite išvalytame 2 1/2 uncijos prieskonių butelyje. Prieskoniai išliks stiprūs kelis mėnesius.

GUMBO RECEPTAI

6. Vištienos ir krevečių Gumbo

APTARNAVIMAS 4

INGRIDIENTAI

2 šaukštai rapsų aliejaus
¼ puodelio universalių miltų
1 vidutinio dydžio svogūnas, supjaustytas kubeliais
1 žalia paprika, išskobta ir supjaustyta kubeliais
2 saliero stiebai, supjaustyti kubeliais
3 česnako skiltelės, susmulkintos
1 valgomasis šaukštas maltų šviežių čiobrelių
nuo ¼ iki ½ arbatinio šaukštelio kajeno pipirų
½ puodelio sauso baltojo vyno
1 (14 uncijų) skardinė be druskos pjaustytų pomidorų
2 puodeliai vandens
1 (10 uncijų) pakuotė šaldyta griežinėliais okra
4 uncijos rūkytos Andouille dešros, supjaustytos kubeliais
1 svaro vidutinės krevetės, nuluptos ir nuluptos
1½ svaro virtos vištienos krūtinėlės, supjaustytos kubeliais

KRYPTYS

Įkaitinkite aliejų dideliame puode arba olandiškoje orkaitėje ant vidutinės-stiprios ugnies. Suberkite miltus ir virkite nuolat plakdami.

Sudėkite svogūną, papriką, salierą ir česnaką ir kepkite, retkarčiais pamaišydami, kol svogūnai suminkštės, maždaug 5 minutes.

Sudėkite čiobrelius ir kajeną ir kepkite dar 1 minutę. Įmaišykite vyną ir užvirinkite, retkarčiais pamaišydami.

Sudėkite pomidorus su jų sultimis, vandeniu ir okra ir troškinkite neuždengę apie 15 minučių. Sudėkite dešrą ir krevetes ir troškinkite dar apie 5 minutes.

Įmaišykite išvirtą vištieną ir toliau troškinkite, retkarčiais pamaišydami, kol vištiena įkais ir krevetės taps nepermatomos.

7. Okra vištienos gumbo

INGRIDIENTAI

- 1 svaro vidutinės krevetės nuluptos
- 1/2 svaro vištienos krūtinėlės be odos, be kaulų
- 1/2 puodeliokokosoAlyva
- 3/4 puodeliomigdolųmiltai
- 2 puodeliai pjaustytų svogūnų
- 1 puodelis kapotų salierų
- 1 puodelis kapotų žaliųjų pipirų
- 1 arbatinis šaukštelis maltų kmynų
- 1 valgomasis šaukštas malto šviežio česnako
- 1 arbatinis šaukštelis susmulkintų šviežių čiobrelių
- 1/2 arbatinio šaukštelio raudonųjų pipirų
- 6 puodeliai vištienos sultinio
- 2 puodeliai pjaustytų pomidorų
- 3 puodeliai supjaustytos okraos
- 1/2 puodelio kapotų šviežių petražolių
- 2 lauro lapai
- 1 arbatinis šaukštelis karšto padažo

KRYPTYS

a) Kepkite vištieną dideliame puode ant stiprios ugnies iki rudos spalvos. Išimkite ir atidėkite į šalį. Susmulkinkite svogūnus, salierą ir žaliąją papriką ir atidėkite.

b) Į puodą supilkite aliejų ir miltus. Gerai išmaišykite ir paskrudinkite, kad susidarytų roux. Baigę roux, sudėkite pjaustytas daržoves. Troškinkite ant silpnos ugnies 10 minučių.

c) Lėtai, nuolat maišydami, pilkite vištienos sultinį.

d) Sudėkite vištieną ir visus kitus ingredientus, išskyrus okra, krevetes ir petražoles, kurios bus išsaugotos pabaigai.

e) Uždenkite ir troškinkite ant silpnos ugnies pusvalandį. Nuimkite dangtį ir virkite dar pusvalandį, retkarčiais pamaišydami.

f) Sudėkite krevetes, okra ir petražoles. Toliau virkite ant silpnos ugnies neuždengę 15 minučių.

8. Olandiškas orkaitės šukutės gumbo

BENDRAS GAMINIMO LAIKAS: 36 MINUTĖS
PORCIJOS: 4
ĮRANGA: 12 colių Olandiška ORKAITĖ

INGRIDIENTAI

2 svarai kūdikių šukučių
3 šaukštai miltų
2 svogūnai, susmulkinti
2 paprikos, susmulkintos
1/2 stiklinės salierų, pjaustytų
2 svarų okra, supjaustyta
4 šaukštai kepimo aliejaus
3 pomidorai, supjaustyti
Susmulkintas česnakas, 2 gvazdikėliai
Žiupsnelis druskos, pipirų

KRYPTYS

Padarykite roux, naudodami miltus ir kepimo aliejų.
Įpilkite papriką, svogūną ir česnaką kartu su vandeniu, druska ir pipirais.
Sudėkite salierą, okra ir pomidorą ir virkite 30 minučių uždengę dangtį.
Sudėkite šukutes ir troškinkite dar 6 minutes.

9. Dutch Oven vištienos gumbo

BENDRAS GAMINIMO LAIKAS: 15 MINUČIŲ
PORCIJOS: 6
ĮRANGA: 12 colių Olandiška ORKAITĖ

INGRIDIENTAI

2 šaukštai kepimo aliejaus
1 stiklinė salierų, pjaustytų
2 svarų okra, supjaustyta
Susmulkintas česnakas, 2 gvazdikėliai
3 pomidorai, supjaustyti
2 šaukštai miltų
2 svarai vištienos krūtinėlės, supjaustytos kubeliais
Druskos ir pipirų
2 paprikos, susmulkintos
2 svogūnai, susmulkinti

KRYPTYS

Padarykite roux, naudodami miltus ir kepimo aliejų. Kepkite dažnai maišydami, kol paruduos.
Įpilkite papriką, svogūną ir česnaką kartu su vandeniu, druska ir pipirais.
Sudėkite salierą, okra ir pomidorą.
Įdėjus vištieną, kepkite dar 6 minutes.

10. Olandiškas orkaitės anties gumbo

BENDRAS GAMINIMO LAIKAS: 2 VALANDOS 20 MINUTŲ
PORCIJOS: 12
ĮRANGA: 12 colių Olandiška ORKAITĖ

INGRIDIENTAI
ANTIS:
2 lauro lapai
3 arbatinius šaukštelius druskos
3 antys
2 saliero šonkauliukai
1 galonas vandens
1 svogūnas, supjaustytas ketvirčiais
1 arbatinis šaukštelis pipirų
2 morkos
GUMBO:
1 puodelis aliejaus
¼ puodelio kapotų petražolių
1 puodelis miltų
Susmulkintas česnakas, 2 gvazdikėliai
½ puodelio salierų, supjaustytų
1 puodelis aitriosios paprikos, supjaustytos kubeliais
2 puodeliai virtų ryžių
1 taškas austrės ir alkoholiniai gėrimai
1-svaro okra, supjaustyta
1 puodelis svogūno, supjaustyto kubeliais
4 šaukštai šoninės riebalų
1 svaras žalių ir nuluptų krevečių

KRYPTYS:

ANTIS

Apytiksliai 1 valandą kepkite antį, svogūną, lauro lapus, salierą, druską ir pipirus.

GUMBO:

Olandiškoje orkaitėje sumaišykite miltus ir aliejų.

Įpilkite česnako, svogūno, salierų ir žaliųjų pipirų; pakepinkite okra šoninės riebaluose 20 minučių.

Prieš supildami roux ir daržovių mišinį, pašildykite sultinį Gumbo puode.

Virkite 1 valandą, uždengę okra.

Sudėkite krevetes, austres ir likerį.

11. Gumbo įlankos pakrantė

GAMINA 8 PORCIJAS

INGRIDIENTAI

1 puodelis augalinio aliejaus

1 1/2 puodelio universalių miltų

2 1/2 stiklinės susmulkinto svogūno

1 1/2 puodelio kapotų salierų

1 1/2 puodelio susmulkintos žaliosios paprikos

3 šaukštai susmulkinto česnako

1 arbatinis šaukštelis Emeril's Original Essence ar kitų kreolų prieskonių

1 1/2 arbatinio šaukštelio druskos

1 arbatinis šaukštelis šviežiai maltų juodųjų pipirų

1/2 arbatinio šaukštelio kajeno pipirų

2 lauro lapai

1 arbatinis šaukštelis džiovintų čiobrelių

1 arbatinis šaukštelis džiovintų raudonėlių

1 svaras rūkytos dešros, supjaustytos 1/2 colio storio apskritimais

1 svaras gumbo krabų, perpjautų per pusę (žr. pastabą)

10 puodelių krevečių sultinio arba vandens

1 svaras virtų Luizianos vėžių uodegų su bet kokiais riebalais

1 svaras nuluptų ir ištrintų Persijos įlankos krevečių

1/2 puodelio pjaustytų žaliųjų svogūnų ir dar daugiau patiekimui

1/4 puodelio susmulkintų šviežių petražolių lapelių, dar daugiau – patiekimui

Garuose virti balti ryžiai, patiekimui

KRYPTYS

Didelę olandišką orkaitę arba storadugnį Gumbo puodą kaitinkite ant stiprios ugnies 1 minutę. Atsargiai įpilkite aliejaus ir tada supilkite miltus. Sumažinkite ugnį iki vidutinės ir nuolat maišykite miltus, braukdami kiekvieną keptuvės dugną, kol roux tolygiai paruduos ir įgaus tamsaus žemės riešutų sviesto spalvą, maždaug 15 minučių. Jei miltai pradeda per greitai dažytis, sumažinkite ugnį iki vidutinės. Svarbu stebėti roux ir virti atsargiai, kad nesudegtų. Kai pasieksite norimą spalvą, suberkite svogūną, salierą, papriką, česnaką, esenciją, druską, pipirus, kajeną, lauro lapus, čiobrelius, raudonėlį ir dešrą. Toliau kepkite 5–7 minutes ilgiau arba tol, kol daržovės suminkštės.

Sudėkite krabus ir sultinį į olandišką orkaitę ir užvirkite. Sumažinkite ugnį iki tolygiai troškinkite ir virkite, kol skoniai susijungs, o padažas taps aksominis ir vientisas, maždaug 2 valandas, įpilkite papildomo sultinio arba vandens, jei gaminant gumbas tampa per tirštas. Gumbo storis yra asmeninio skonio reikalas. Kai kuriems žmonėms patinka labai storas gumbas, o kitiems labiau patinka plonas, sultingas gumbas. Įpilkite skysčio kiekį, kad atitiktų jūsų pageidavimus.

Kai gumbas bus skanus ir tinkamo tirštumo, įmaišykite vėžius ir krevetes ir virkite, kol krevetės iškeps, 2-3 minutes ilgiau. Įmaišykite žalius svogūnus ir petražoles. Paragaukite ir, jei reikia, pakoreguokite prieskonius.

Gumbo patiekite ant garuose virtų ryžių dubenėlių su kapotomis petražolėmis ir žaliaisiais svogūnais, jei norite.

12. Vištiena, krevetės ir Tasso Gumbo

GAMINA 6-8 PORCIJAS

INGRIDIENTAI

4 vištienos šlaunelės be kaulų, supjaustytos 2 colių gabalėliais su oda

2 arbatiniai šaukšteliai košerinės druskos

1/2 arbatinio šaukštelio paprikos

1/2 arbatinio šaukštelio šviežiai maltų juodųjų pipirų

1 1/2 stiklinės augalinio aliejaus

2 1/4 puodeliai universalių miltų, padalinti

1 svaras supjaustytas kubeliais

1 vidutinio dydžio svogūnas, smulkiai supjaustytas

2 poblano paprikos, smulkiai supjaustytos

1 mažas jalapeño, smulkiai supjaustytas

3 salierų stiebai, supjaustyti kubeliais

4 česnako skiltelės, susmulkintos

2-3 arbatiniai šaukšteliai košerinės druskos (įdėkite 2, paragaukite ir, jei reikia, įdėkite kitą)

1 1/2 arbatinio šaukštelio šviežiai maltų juodųjų pipirų

1 arbatinis šaukštelis kajeno pipirų

1 arbatinis šaukštelis paprikos

1 arbatinis šaukštelis džiovintų čiobrelių

1 arbatinis šaukštelis filė miltelių

6 lauro lapai

1 galonas vištienos sultinio (arba pusė krevečių sultinio ir pusė vištienos sultinio)

1 svaras nuluptų Luizianos krevečių

Vištieną pagardinkite druska, paprika ir pipirais.

KRYPTYS

Įkaitinkite aliejų 2 galonų puode su storu dugnu iki vidutinės-stiprios ugnies; paruoštas aliejus turi švelniai šnypšti.

Vištieną apibarstykite 1/2 puodelio miltų ir apkepkite iš abiejų pusių aliejuje iki šviesiai auksinės rudos spalvos, tada nuimkite ant popierinio rankšluosčio. Šiuo metu jis neturi būti iškeptas. Miltų perteklių iš vištienos prieskonių suberkite į likusius miltus ir suberkite į aliejų. Maišykite ant vidutinės ugnies apie 40 minučių arba tol, kol roux taps sodriai rausvai rudas, bet ne per tamsus.

Roux įgavus reikiamą spalvą, suberkite tasso, daržoves ir visus prieskonius (pasilikdami šiek tiek druskos, nes vieni tasso yra aštresni už kitus) ir virkite apie 4 minutes.

Supilkite sultinį ir užvirinkite, būtinai išmaišykite puodo dugną, kol gumbas užvirs, kad nepriliptų. Troškinkite apie 30 minučių, nugriebdami visus riebalus, kurie iškyla į paviršių.

Šiuo metu sudėkite iškeptą vištieną ir krevetes ir troškinkite dar 45 minutes, vis tiek nugriebdami riebalus, kurie plūduriuoja ant viršaus.

Patiekite iš karto arba kitą dieną su garuose virtais ryžiais ir kreminėmis bulvių salotomis. Šefas Linkas sako: „Man patinka pamirkyti bulvių salotas į gumbą".

13. Kreolų Gumbo

GAMINA 8-10 PORCIJŲ

INGRIDIENTAI

1/2 svaro chaurice, supjaustytas kąsnio dydžio gabalėliais

1/2 svaro rūkytos dešros, supjaustytos kąsnio dydžio gabalėliais

1/2 svaro jautienos troškinio mėsos

1/2 svaro vištienos skilvelių, susmulkintų

1 svaras gumbo krabų

1/2 puodelio augalinio aliejaus

1/2 puodelio universalių miltų

2 dideli svogūnai, susmulkinti

3 litrai vandens arba daugiau, jei norite

8 vištienos sparneliai, supjaustyti per sąnarius, o galiukai išmesti

1/2 svaro rūkyto kumpio, supjaustyto 1/2 colio gabalėliais

1 valgomasis šaukštas paprikos

1 arbatinis šaukštelis džiovintų čiobrelių

1 arbatinis šaukštelis druskos

3 česnako skiltelės, susmulkintos

1 svaras vidutinių krevečių, nuluptų ir nuluptų

2 tuzinos susmulkintų austrių su jų alkoholiniais gėrimais

1/4 puodelio kapotų šviežių plokščialapių petražolių

1 valgomasis šaukštas filė miltelių

Virti ilgagrūdžiai balti ryžiai, patiekimui

KRYPTYS

Dešreles, jautieną, skilvelius ir krabus sudėkite į didelį, sunkų puodą. Uždenkite ir virkite ant vidutinės ugnies 30 minučių, retkarčiais pamaišydami. Jums nereikės papildomų riebalų, nes mėsa užteks kepimui.

Kol mėsa kepa, pasigaminkite roux: keptuvėje įkaitinkite aliejų, suberkite miltus ir nuolat maišydami ant vidutinės ugnies, kol roux taps vientisas ir tamsiai rudos spalvos. Suberkite svogūnus ir kepkite ant mažos ugnies, kol suminkštės. Išpilkite keptuvės turinį į puodą, kuriame laikoma mėsa, gerai išmaišykite. Lėtai įmaišykite vandenį ir užvirinkite. Sudėkite vištienos sparnelius, kumpį, papriką, čiobrelius, druską ir česnaką, švelniai išmaišykite ir sumažinkite ugnį; uždenkite ir troškinkite 45 minutes. Jei norite plonesnio gumbo, dabar įpilkite daugiau vandens.

Sudėkite krevetes ir austres ir virkite dar kelias minutes – žiūrėkite, kad krevetės taptų tik rožinės spalvos, o austrės – susiraukšlėtų – dar daugiau – ir jos taps kietos. Nukelkite puodą nuo ugnies, įmaišykite petražoles ir filė miltelius ir skanaukite dubenėliuose ant karštų ryžių.

14. Kreolų jūros gėrybių Gumbo

GAMINA 6-8 PORCIJAS

INGRIDIENTAI

6 vidutiniai mėlyni krabai arba šaldyti gumbo krabai, atšildyti

2 1/2 svaro krevečių lukštais su galvomis

2 dešimtys vidutinių ir didelių susmulkintų austrių su jų gėrimu

1 puodelis plius 1 valgomasis šaukštas rapsų ar kito augalinio aliejaus, padalintas

2 puodeliai supjaustytos okraos, šviežios arba šaldytos ir atšildytos

1 puodelis universalių miltų

1 didelis svogūnas, susmulkintas

1 ryšelis žalių svogūnų, susmulkintų, atskirtos baltos ir žalios dalys

1 žalia paprika, susmulkinta

2 salierų stiebeliai, susmulkinti

4 didelės česnako skiltelės, susmulkintos

2 dideli švieži pomidorai sezono metu, nulupti ir supjaustyti, arba 1 (16 uncijų) konservuotas kubeliais supjaustytas pomidoras su sultimis

3 lauro lapai

1 arbatinis šaukštelis itališkų prieskonių

Druska, šviežiai malti juodieji pipirai ir kreolų prieskoniai pagal skonį

1/4 puodelio maltų plokščialapių petražolių

Virti ilgagrūdžiai balti ryžiai, patiekimui

KRYPTYS

Paruoškite krabus, kaip aprašyta skyriuje „Krabų paruošimas", 23 psl.

Nulupkite krevetes, nulupkite jas, sudėkite galvas ir lukštus į vidutinį puodą. Įpilkite pakankamai vandens, kad apvalkalai būtų padengti bent 2 coliais, ir užvirkite. Uždenkite, sumažinkite ugnį iki minimumo ir troškinkite 30 minučių. Kai šiek tiek atvės, sultinį supilkite į didelį matavimo puodelį ir išmeskite lukštus.

Austres nukoškite ir supilkite alkoholį į krevečių sultinį. Įpilkite tiek vandens, kad gautumėte 7 arba 8 puodelius skysčio (atsižvelgiant į tai, kokio tirštumo jums patinka gumbas). Patikrinkite, ar austrėse nėra lukšto fragmentų.

Įkaitinkite 1 šaukštą aliejaus plačioje keptuvėje (nelipnioje) ir sudėkite okra. Troškinkite ant vidutinės ugnies, retkarčiais pamaišydami, kol išnyks visas lipnumas, apie 15 minučių. Nuimkite nuo ugnies.

Dideliame, sunkiame puode ant stiprios ugnies įkaitinkite likusį aliejų; suberkite miltus ir nuolat maišykite, kol roux pradės ruduoti. Sumažinkite ugnį iki vidutinės arba vidutinės-žemos ir virkite nuolat maišydami, kol ruksas taps tamsaus šokolado spalvos.

Sudėkite svogūnus, baltąsias žaliųjų svogūnų dalis, papriką ir salierą ir maišydami kepkite, kol taps skaidrūs. Sudėkite česnaką ir dar minutę pakepkite. Įpilkite pomidorų ir austrių sultinio, krevečių sultinio ir vandens mišinio, kol pasieksite šiek tiek sutirštėjusią ir lygią konsistenciją.

Įpilkite okra, krabų, lauro lapų ir itališkų prieskonių ir pagardinkite druska, pipirais ir kreolų prieskoniais; uždenkite ir troškinkite 40 minučių.

Sudėkite krevetes ir troškinkite dar 5 minutes. Sudėkite austres ir troškinkite, kol susisuks, maždaug 3 minutes.

Išjunkite ugnį, išimkite lauro lapus ir įmaišykite daugumą žaliųjų svogūnų viršūnių bei petražolių, šiek tiek palikite papuošimui. Patiekite dubenėliuose ant ryžių. Į kiekvieną dubenį įdėkite krabo gabalėlių ir papuoškite svogūnų viršūnėmis bei petražolėmis. Kojoms pasiūlykite krabų ar riešutų traškučių.

15. Vištiena ir Andouille Gumbo

GAMINA 6-8 PORCIJAS

INGRIDIENTAI

2 svarai vištienos šlaunelių be kaulų, supjaustytų kąsnio dydžio gabalėliais arba 1 visa vištiena, supjaustyta gabalėliais

1 svaras andouille dešros, supjaustytos kąsnio dydžio gabalėliais

2 šaukštai plius 1/2 puodelio augalinio aliejaus, padalintas

3/4 puodelio universalių miltų

1 didelis svogūnas, susmulkintas

1 ryšelis žalių svogūnų, susmulkintų, atskirtos baltos ir žalios dalys

1 žalia paprika, susmulkinta

2 salierų stiebeliai, susmulkinti

4 česnako skiltelės, susmulkintos

6 puodeliai vištienos sultinio

2 lauro lapai

1 arbatinis šaukštelis kreolų prieskonių

Druska ir šviežiai malti juodieji pipirai pagal skonį

1/3 puodelio kapotų plokščialapių petražolių

Virti ilgagrūdžiai balti ryžiai, patiekimui

Dideliame, sunkiame puode apkepkite vištieną ir andouille 2 šaukštuose aliejaus. Išimkite mėsą iš puodo ir atidėkite į šalį.

Į puodą supilkite likusį aliejų ir miltus ir nuolat maišykite ant stiprios ugnies, kol roux pradės ruduoti. Sumažinkite ugnį iki vidutinės arba vidutinės-žemos ir virkite nuolat maišydami, kol ruksas taps tamsaus šokolado spalvos.

Sudėkite svogūnus, baltąsias žaliųjų svogūnų dalis, papriką, salierą ir česnaką ir troškinkite ant mažos ugnies apie 5 minutes. Palaipsniui įmaišykite vištienos sultinį. Suberkite lauro lapus ir kreolų prieskonius, pagardinkite druska ir pipirais; uždenkite ir kepkite apie 45 minutes iki 1 valandos.

Įdėkite žaliųjų svogūnų viršūnes ir petražoles ir pašalinkite lauro lapus. Patiekite dubenėliuose ant ryžių su karštu padažu ir karšta prancūziška duona.

16. Krevetės ir Okra Gumbo

GAMINA 8 PORCIJAS

INGRIDIENTAI

3 svarai mažų ir vidutinių krevečių kevalais su galvomis arba 1 1/2 svaro nuluptų ir apdorotų šaldytų krevečių, atšildytų

1 svaras šviežios okros, supjaustytos 1/4 colio gabalėliais arba šaldytos supjaustytos okraos, atšildytos

1 valgomasis šaukštas plius 1/2 puodelio augalinio aliejaus, padalintas

1/2 puodelio universalių miltų

1 didelis svogūnas, susmulkintas

1 ryšelis žalių svogūnų, susmulkintų, atskirtos baltos ir žalios dalys

1 žalia paprika, susmulkinta

2 salierų stiebeliai, susmulkinti

3 didelės česnako skiltelės, susmulkintos

1 (14,5 uncijos) skardinė pjaustytų pomidorų

2 litrai krevečių sultinio arba vandens

1 1/2 arbatinio šaukštelio kreolų prieskonių

2 lauro lapai

1/2 arbatinio šaukštelio džiovintų čiobrelių

1/4 puodelio kapotų plokščialapių petražolių

Virti ilgagrūdžiai balti ryžiai, patiekimui

prancūziška duona

Jei naudojate šviežias krevetes, nulupkite jas nuo galvos, nulupkite ir nulupkite, įdėkite lukštus ir galvutes į vidutinį puodą. Įpilkite pakankamai vandens, kad apvalkalai būtų padengti bent 2 coliais, ir užvirkite. Uždenkite, sumažinkite ugnį iki minimumo ir troškinkite 30 minučių. Kai šiek tiek atvės, sultinį supilkite į didelį matavimo puodelį ir išmeskite lukštus.

Jei naudojate šviežią okrą, įkaitinkite 1 šaukštą aliejaus vidutinėje arba didelėje keptuvėje. Virkite okrą ant vidutinės ugnies, retkarčiais pamaišydami, kol išnyks skystis. Atidėti.

Dideliame, sunkiame puode ant stiprios ugnies įkaitinkite likusį aliejų. Suberkite miltus ir nuolat maišykite, kol roux pradės ruduoti. Sumažinkite ugnį iki vidutinės ir virkite nuolat maišydami, kol roux bus pieniško šokolado spalvos. Suberkite svogūnus ir baltąsias žaliųjų svogūnų dalis ir maišydami kepkite, kol svogūnai pradės karamelizuotis. Suberkite papriką ir salierą ir virkite, kol suminkštės. Sudėkite česnaką ir dar minutę pakepkite.

Sudėkite pomidorus ir palaipsniui įmaišykite sultinį arba vandenį. Suberkite visus prieskonius, išskyrus petražoles, sumažinkite ugnį iki minimumo, uždenkite ir troškinkite 30 minučių. Sudėkite krevetes ir troškinkite, kol krevetės taps rausvos spalvos, maždaug 10 minučių. Nukelkite nuo ugnies ir suberkite žaliųjų svogūnų viršūnes ir petražoles bei išimkite lauro lapus.

Patiekite dubenėliuose ant karštų ryžių su karšta prancūziška duona.

17. Super Gumbo

GAMINA 10-12 PORCIJŲ

INGRIDIENTAI

2 svarai krevečių lukštais su galvomis

1 svaras šviežių arba šaldytų gumbo krabų, atšildytų, jei sušaldyti

6 gabalėliai vištienos (pavyzdžiui, kojos ir šlaunys)

Druska, pipirai ir kreolų prieskoniai pagal skonį

1 svaras šviežios okros, supjaustytos gabalėliais arba šaldytos supjaustytos okraos, atšildytos

1 valgomasis šaukštas plius 1 puodelis augalinio aliejaus, padalintas

1 puodelis universalių miltų

1 didelis svogūnas, susmulkintas

1 ryšelis žalių svogūnų, susmulkintų, atskirtos baltos ir žalios dalys

1 žalia paprika, susmulkinta

2 salierų stiebeliai, susmulkinti

4 česnako skiltelės, susmulkintos

1/2 svaro andouille arba kitos rūkytos dešros, supjaustytos išilgai ketvirčiais ir 1/4 colio storio griežinėliais

2 švieži pomidorai, supjaustyti kubeliais arba 1 (14,5 uncijos) skardinė kubeliais pjaustytų pomidorų

2 šaukštai pomidorų pastos

9 puodeliai jūros gėrybių arba vištienos sultinio, arba jų abiejų derinys

3 lauro lapai

1/2 arbatinio šaukštelio kreolų prieskonių

1 arbatinis šaukštelis druskos

Keletas pasukimų įjungia juodųjų pipirų malūnėlį

2 šaukštai kapotų plokščialapių petražolių

Virti ilgagrūdžiai balti ryžiai, patiekimui

Nulupkite krevetes, nulupkite jas, sudėkite galvas ir lukštus į vidutinį puodą. Įpilkite pakankamai vandens, kad apvalkalai būtų padengti bent 2 coliais, ir užvirkite. Uždenkite, sumažinkite ugnį ir troškinkite 30 minučių. Kai šiek tiek atvės, sultinį supilkite į didelį matavimo puodelį ir išmeskite lukštus.

Pašalinkite nuo krabų bet ką, išskyrus kevalus, kuriuose yra krabų mėsos, palikdami kojas ir geltonus bei oranžinius riebalus. Jei reikia išvalyti bet kurias apvalkalo dalis, padarykite tai kempine.

Nuplaukite ir išdžiovinkite vištienos gabaliukus ir gausiai pabarstykite druska, pipirais ir kreolų prieskoniais.

Vidutinėje keptuvėje įkaitinkite 1 valgomąjį šaukštą augalinio aliejaus; sudėkite okra ir virkite ant stiprios ugnies, dažnai maišydami, kol pradės šiek tiek ruduoti. Sumažinkite ugnį iki vidutinės ir toliau kepkite, kol dings lipnus skystis.

Dideliame, sunkiame puode įkaitinkite 2 šaukštus likusio aliejaus ir apkepkite vištienos gabaliukus iš visų pusių. Išimkite vištieną ir atidėkite į šalį.

Į puodą supilkite likusį aliejų ir miltus ir maišykite ant stiprios ugnies, kol roux taps šviesiai rudas. Sumažinkite ugnį iki vidutinės ir virkite nuolat maišydami, kol ruksas taps tamsiai rudas (žemės riešutų sviesto spalvos arba šiek tiek tamsesnis). Būkite atsargūs, kad nesudegintumėte.

Sudėkite svogūnus, baltąsias žaliųjų svogūnų dalis, papriką ir salierą ir maišydami kepkite, kol taps skaidrūs. Sudėkite česnaką ir dar minutę pakepkite. Sudėkite dešrą, pomidorus ir pomidorų pastą ir virkite dar 5 minutes. Palaipsniui įmaišykite sultinį.

Sudėkite visus prieskonius, išskyrus petražoles. Užvirinkite, tada sumažinkite ugnį iki mažos ugnies. Uždenkite ir virkite apie 1 valandą ir 20 minučių, retkarčiais pamaišydami ir nugriebdami riebalus nuo viršaus. Sudėkite krevetes, petražoles ir žaliųjų svogūnų viršūnes, padidinkite ugnį ir kepkite keletą minučių, kol krevetės taps rausvos spalvos. Paragaukite, kad sureguliuotumėte prieskonius ir pašalintumėte lauro lapus.

Patiekite dubenėliuose ant virtų ryžių.

18. Cajun Hen Gumbo

GAMINA 6-8 PORCIJAS

INGRIDIENTAI

1 (nuo 5 iki 6 svarų) višta

Druska, šviežiai malti juodieji pipirai ir Kajeno pipirai pagal skonį

3/4 puodelio augalinio aliejaus, padalintas

1/2 svaro andouille dešros, supjaustytos 1/2 colio gabalėliais

1/2 svaro tasso, supjaustytas 1/2 colio gabalėliais

3/4 puodelio universalių miltų

2 vidutiniai svogūnai, supjaustyti

6 žali svogūnai, susmulkinti, atskirtos baltos ir žalios dalys

1 žalia paprika, susmulkinta

3 salierų stiebeliai, susmulkinti

1 valgomasis šaukštas malto česnako

6 1/2 puodelio vištienos sultinio arba vandens, arba jų abiejų derinys

3 lauro lapai

Kreoliniai prieskoniai, pagal skonį

3 šaukštai susmulkintų plokščialapių petražolių

Virti ilgagrūdžiai balti ryžiai, patiekimui

Vištą supjaustykite gabalėliais, kaip pjaustytumėte vištieną. Kadangi krūtinė didelė, supjaustykite ją į 3 dalis. Naudokite nugaros kaulą ir bet kokius vidurius, išskyrus kepenis. Nuplaukite, nusausinkite ir gausiai iš visų pusių pabarstykite druska ir pipirais.

Naudodami labai didelį, sunkų puodą, įkaitinkite 1/4 puodelio aliejaus ir gerai apkepkite vištą iš visų pusių. Išimkite vištą iš puodo ir atidėkite į šalį.

Į puodą supilkite likusį aliejų ir miltus ir nuolat maišykite ant stiprios ugnies, kol roux taps šviesiai rudas. Sumažinkite ugnį iki vidutinės ir virkite nuolat maišydami, kol roux taps tamsiai rudos spalvos (pieninio šokolado spalvos arba šiek tiek tamsesnės).

Sumažinkite šilumą iki minimumo; Sudėkite svogūnus, baltąsias žaliųjų svogūnų dalis, papriką, salierą ir česnaką ir pakepinkite iki skaidrumo. Palaipsniui įmaišykite sultinį ir (arba) vandenį. Suberkite lauro lapus ir pagardinkite kreoliniais prieskoniais, uždenkite ir troškinkite 3 valandas, retkarčiais pamaišydami. Gumbui verdant, nugriebkite riebalus nuo paviršiaus. Galite nugriebti net 1 puodelį riebalų.

Kai gumbas iškeps ir vištiena suminkštės, išimkite lauro lapus ir įmaišykite žaliųjų svogūnų viršūnes bei petražoles. Patiekite dubenėliuose ant ryžių.

19. Putpelių Gumbo

GAMINA 8 PORCIJAS

INGRIDIENTAI

8 šviežių putpelių arba šaldytų, atšildytų

Druska ir šviežiai malti juodieji pipirai pagal skonį

1 svaras boudino arba maždaug 4 puodeliai naminės jambalaya (arba naudokite greitą mišinį, pvz., Zatarain's arba Oak Grove)

3/4 puodelio augalinio aliejaus

3/4 puodelio universalių miltų

1 didelis svogūnas, susmulkintas

3 žali svogūnai, susmulkinti, atskirtos baltos ir žalios dalys

1 žalia paprika, susmulkinta

4 didelės česnako skiltelės, susmulkintos

1/4 svaro tasso arba andouille (arba kitos rūkytos) dešros, supjaustytos kąsnio dydžio gabalėliais

2 šaukštai pomidorų pastos

6 puodeliai naminio arba konservuoto vištienos sultinio

1 arbatinis šaukštelis džiovintų čiobrelių

3 lauro lapai

1/2 arbatinio šaukštelio kreolų prieskonių

1/2 arbatinio šaukštelio salierų druskos

3 šaukštai susmulkintų plokščialapių petražolių

Nuplaukite putpeles ir pašalinkite likusias plunksnas. Gerai išdžiovinkite ir pagardinkite druska bei pipirais viduje ir išorėje. Jei naudojate boudiną, išimkite jį iš apvalkalo. Kiekvieną putpelę įdarykite maždaug 4 šaukštais boudino arba jambalaya ir užriškite virvelę aplink kiekvieną putpelę iš galo į priekį, sukryžiavę kojas, kad išlaikytumėte įdarą.

Plačiame, sunkiame puode įkaitinkite 3 šaukštus aliejaus ir atsargiai apkepkite putpeles iš visų pusių, judindami, kad odelė nepriliptų. Išimkite putpeles iš puodo ir atidėkite į šalį.

Į puodą įpilkite likusį aliejų ir miltus ir nuolat maišykite ant vidutinės-stiprios ugnies, kol roux pradės ruduoti. Sumažinkite ugnį iki vidutinės ir virkite nuolat maišydami, kol ruksas taps žemės riešutų sviesto spalvos.

Sumažinkite ugnį iki minimumo ir sudėkite svogūnus bei baltąsias žaliųjų svogūnų dalis, karamelizuodami apie 5 minutes. Suberkite papriką ir kepkite, kol suminkštės. Sudėkite česnaką ir kepkite dar 1 minutę. Įpilkite pomidorų pastos ir tasso ir virkite dar kelias minutes. Palaipsniui įmaišykite sultinį, tada suberkite visus prieskonius, išskyrus žaliųjų svogūnų viršūnes ir petražoles. Užvirinkite ir sumažinkite ugnį iki vidutinės-žemos.

Grąžinkite putpeles į puodą, uždenkite ir troškinkite 30 minučių. Baigę suberkite žaliųjų svogūnų viršūnes ir išimkite lauro lapus.

Patiekdami į kiekvieną gumbo dubenį įdėkite po 1 putpelę ir pabarstykite petražolėmis.

20. Gumbo z'Herbes

GAMINA 8 PORCIJAS

INGRIDIENTAI

1 mažas kumpio kaulas arba 1/2 svaro rūkyto kumpio kubeliai

1 puslitra susmulkintų austrių su jų gėrimu

1/2 puodelio augalinio aliejaus

1/2 puodelio universalių miltų

1 didelis svogūnas, susmulkintas

3 žali svogūnai, supjaustyti

3 salierų stiebeliai, susmulkinti

3 česnako skiltelės, susmulkintos

1/2 arbatinio šaukštelio kreolų prieskonių

3 lauro lapai

1/2 arbatinio šaukštelio džiovintų čiobrelių

1 valgomasis šaukštas cukraus

2 puodeliai išvalytų ir grubiai pjaustytų garstyčių žalumynų

2 puodeliai išvalytų ir grubiai pjaustytų ropių žalumynų

4 puodeliai nuvalytų ir grubiai pjaustytų žalumynų

4 puodeliai špinatų

1 krūva plokščialapių petražolių

1/2 mažo kopūsto, susmulkinto arba susmulkinto

2 puodeliai endivijų, suplėšyti į gabalus

Druska ir šviežiai malti juodieji pipirai pagal skonį

Virti ilgagrūdžiai balti ryžiai, patiekimui

Jei naudojate kumpio kaulą, troškinkite jį dideliame puode 2 litrais vandens, uždengę dangčiu, 2 valandas arba tol, kol mėsa nukris nuo kaulo. Kai pakankamai atvės, kad galėtumėte apdoroti, nuimkite mėsą nuo kaulo ir atidėkite. Išmeskite kaulą ir išsaugokite atsargas (jums reikės apie 7 puodelius).

Austres nukoškite, pasilikdami nuo jų gėrimo, ir patikrinkite, ar nėra lukštų fragmentų. Turėtumėte turėti apie 1/2 puodelio alkoholinio gėrimo.

Labai dideliame, sunkiame puode sumaišykite aliejų ir miltus ir maišykite ant stiprios ugnies, kol roux pradės ruduoti. Sumažinkite ugnį iki vidutinės ir virkite nuolat maišydami, kol roux taps pieninio šokolado spalvos. Nedelsdami suberkite svogūnus ir troškinkite, kol karamelizuosis. Sudėkite salierą ir česnaką ir dar minutę troškinkite.

Įmaišykite rezervuotą kumpio sultinį, austrių gėrimą (apie 1/2 puodelio), kreolų prieskonius, lauro lapus, čiobrelius, cukrų, rezervuotą kumpį arba kumpio kubelius ir žalumynus bei pagardinkite druska ir pipirais. Troškinkite uždengę apie 1 val.

Sudėkite austres ir kepkite, kol susisuks, maždaug 1 minutę. Paragaukite ir sureguliuokite prieskonius. Išjunkite ugnį ir išimkite lauro lapus.

Patiekite Gumbo dubenėliuose ant ryžių.

21. Filé Gumbo

GAMINA 6-8 PORCIJAS

INGRIDIENTAI

2 svarai krevečių lukštais su galvomis

1/2 puodelio augalinio aliejaus arba šoninės lašinukų

1/2 puodelio universalių miltų

1 svogūnas, susmulkintas

1 žalia paprika, susmulkinta

3 česnako skiltelės, susmulkintos

2 šaukštai pomidorų pastos

2 lauro lapai

1/2 arbatinio šaukštelio druskos arba pagal skonį

1/2 arbatinio šaukštelio šviežiai maltų juodųjų pipirų arba pagal skonį

1/2 arbatinio šaukštelio kajeno pipirų arba pagal skonį

2 šaukštai filė miltelių

1 svaras gabalėlių krabų mėsos

Virti ilgagrūdžiai balti ryžiai, patiekimui

Nulupkite krevetes, nulupkite jas, sudėkite galvas ir lukštus į vidutinį puodą. Įpilkite pakankamai vandens, kad apvalkalai būtų padengti bent 2 coliais, ir užvirkite. Uždenkite, sumažinkite ugnį ir troškinkite 30 minučių. Kai šiek tiek atvės, sultinį supilkite į didelį matavimo puodelį ir išmeskite lukštus. Jei reikia, į sultinį įpilkite tiek vandens, kad susidarytų 5 puodeliai skysčio. Atidėti.

Dideliame, sunkiame puode sumaišykite aliejų ir miltus. Nuolat maišykite ant stiprios ugnies, kol miltai pradės ruduoti. Sumažinkite ugnį iki vidutinės ir nuolat maišykite, kol roux taps tamsiai rudas.

Suberkite svogūnus ir papriką ir kepkite, kol suminkštės. Sudėkite česnaką ir dar minutę pakepkite. Įmaišykite pomidorų pastą ir troškinkite 5 minutes, retkarčiais pamaišydami. Palaipsniui įmaišykite krevečių sultinį. Suberkite visus prieskonius, išskyrus filė, uždenkite ir troškinkite ant silpnos ugnies 30 minučių.

Sudėkite krevetes ir toliau kepkite 3 minutes, jei krevetės mažos, arba 7 minutes, jei didelės. Išjunkite šilumą. Jei visą gumbo patiekiate iš karto, įdėkite filė ir gerai išmaišykite. (Jei ne, palikite filė įdėti į atskirus dubenėlius.) Švelniai įmaišykite krabų mėsą.

Patiekite dubenėliuose ant karštų ryžių. Jei filė nepridėjote, į kiekvieną dubenį įpilkite po 1/2-3/4 arbatinio šaukštelio, priklausomai nuo indelių dydžio.

22. Šamas Gumbo

GAMINA 6–8 PORCIJAS

INGRIDIENTAI

3 svarai šamo grynuoliai, padalinti

1/2 puodelio rapsų ar kito augalinio aliejaus

1/2 puodelio universalių miltų

1 didelis svogūnas, susmulkintas, žievelės ir nuopjovos paliekamos

1 žalia paprika, susmulkinta, sėklos ir nuopjovos paliktos

2 salierų stiebeliai, susmulkinti

6 žali svogūnai, susmulkinti, atskirtos baltos ir žalios dalys

3 didelės česnako skiltelės, susmulkintos

1 (10 uncijų) skardinė originalių Ro-tel pomidorų su čili

2 puodeliai pjaustytų šviežių arba konservuotų kubeliais pjaustytų pomidorų

3 puodeliai sultinio

1/2 puodelio baltojo vyno

3 lauro lapai

1/2 arbatinio šaukštelio džiovintų čiobrelių

1 arbatinis šaukštelis šviežių citrinų sulčių

1/2 arbatinio šaukštelio Vusterio padažo

1 1/2 arbatinio šaukštelio kreolų prieskonių

Druska ir šviežiai malti pipirai, pagal skonį

2 šaukštai kapotų plokščialapių petražolių

Virti ilgagrūdžiai balti ryžiai, patiekimui

Supjaustykite 2 svarus šamo grynuolių 1 colio kubeliais ir atidėkite. Likusius grynuolius sudėkite į nedidelį puodą su 4 puodeliais vandens ir daržovių nuopjovomis, kad paruoštumėte sultinį. Uždenkite ir troškinkite 45 minutes. Supilkite sultinį į didelį matavimo puodelį ir išmeskite kietąsias medžiagas.

Dideliame, sunkiame puode įkaitinkite aliejų. Suberkite miltus ir nuolat maišykite ant vidutinės ugnies, kad pasidarytų vidutinio tamsumo žemės riešutų sviesto spalvos ruksas. Sudėkite svogūną, baltąsias žaliųjų svogūnų dalis, papriką ir salierą ir kepkite, kol suvys. Sudėkite česnaką ir kepkite dar 1 minutę.

Įpilkite pomidorų, 3 puodelius sultinio, vyno, lauro lapų, čiobrelių, citrinos sulčių, Vusterio padažo ir kreolų prieskonių ir pagardinkite druska bei pipirais. Užvirinkite. Sumažinkite ugnį, uždenkite ir troškinkite 30 minučių, retkarčiais pamaišydami.

Sudėkite kubeliais pjaustytą šamą ir užvirkite. Sumažinkite ugnį ir troškinkite, kol žuvis iškeps, maždaug 5 minutes. Išimkite lauro lapus ir suberkite petražoles ir žaliųjų svogūnų viršūnes. Uždenkite ir leiskite gumbo pailsėti maždaug valandą.

Pašildykite gumbo ir patiekite dubenėliuose ant ryžių.

23. Gumbo kopūstas

GAMINA 4-6 PORCIJAS

INGRIDIENTAI

1 didelis kopūstas (apie 3 svarai)

4 storos šoninės griežinėliai

1/4 puodelio augalinio aliejaus (daugiau ar mažiau pagal poreikį)

1/2 puodelio universalių miltų

1 svogūnas, susmulkintas

1 žalia paprika, susmulkinta

2 salierų stiebeliai, susmulkinti

3 didelės česnako skiltelės, susmulkintos

Druska ir šviežiai malti juodieji pipirai pagal skonį

1 arbatinis šaukštelis cukraus

3 lauro lapai

1 arbatinis šaukštelis kreolų prieskonių

8 puodeliai vandens

1 (10 uncijų) skardinė originalių Ro-tel pomidorų su žaliais čili

2 maži rūkyto kumpio kulnai

Virti ilgagrūdžiai balti ryžiai, patiekimui

Kopūstą supjaustykite kąsnio dydžio gabalėliais; nuplaukite, nusausinkite ir atidėkite.

Dideliame, sunkiame puode apkepkite šoninę iki traškumo. Išimkite šoninę iš puodo ir pasilikite. Šoninės riebalus atsargiai supilkite į didelį matavimo puodelį ir įpilkite tiek aliejaus, kad pagamintumėte 1/2 puodelio. Grąžinkite riebalus į keptuvę ir suberkite miltus; nuolat maišykite ant vidutinės ugnies, kad susidarytų šviesiai rudos arba sviestinės spalvos ruksas.

Sudėkite svogūnus, papriką ir salierą ir pakepinkite, kol suminkštės. Sudėkite česnaką ir dar minutę pakepinkite. Įmaišykite likusius ingredientus ir kopūstą ir užvirinkite. Sumažinkite ugnį, uždenkite ir troškinkite 1 valandą, retkarčiais pamaišydami.

Patiekite dubenėliuose ant ryžių ir ant viršaus uždėkite trupintą rezervuotą šoninę. Ant šono patiekite karštą padažą.

24. Turkija Gumbo

GAMINA 6-8 PORCIJAS

INGRIDIENTAI

1 ar daugiau kalakuto skerdenų ir kalakuto likučių

1/2 puodelio augalinio aliejaus

1/2 puodelio universalių miltų

1 svogūnas, susmulkintas

1 krūva žalių svogūnų, susmulkintų

3 salierų stiebeliai, susmulkinti

3 česnako skiltelės, susmulkintos

Likęs kalakutienos padažas (nebūtina)

2 lauro lapai

1/2 arbatinio šaukštelio džiovintų čiobrelių

Druska, kreolų prieskoniai ir šviežiai malti juodieji pipirai pagal skonį

1/2 svaro andouille (arba kitos rūkytos) dešros, supjaustytos kąsnio dydžio gabalėliais

1 puslitra susmulkintų austrių (nebūtina)

3 šaukštai susmulkintų plokščialapių petražolių

Virti ilgagrūdžiai balti ryžiai, patiekimui

Iš kalakutienos skerdenos pašalinkite mėsą. Supjaustykite gabalėliais, kartu su kalakutienos likučiais. Atidėti.

Kalakutienos kaulus sudėkite į puodą, užpilkite vandeniu ir užvirkite. Sumažinkite ugnį iki minimumo, uždenkite ir troškinkite 1 valandą. Kai sultinys pakankamai atvės, kad būtų galima apdoroti, perkoškite į didelį matavimo puodelį ir išmeskite kaulus. Jei naudojate austres, supilkite austrių skystį į sultinį. Jei reikia, įpilkite vandens, kad susidarytų bent 8 puodeliai skysčio. Atidėti.

Dideliame, sunkiame puode įkaitinkite aliejų ant vidutinės-stiprios ugnies. Suberkite miltus ir nuolat maišykite, kol roux pradės ruduoti. Sumažinkite ugnį iki vidutinės ir virkite nuolat maišydami, kol roux taps žemės riešutų sviesto spalvos.

Sudėkite svogūnus ir salierus ir troškinkite ant silpnos ugnies, kol taps skaidrūs. Sudėkite česnaką ir dar minutę pakepkite. Įpilkite 8 puodelius sultinio (arba daugiau, jei norite plonesnio gumbo; jei liko kalakutienos padažo, supilkite jį šiuo metu).

Sudėkite visus prieskonius (išskyrus petražoles) ir dešrą; uždenkite ir troškinkite 30 minučių. Įdėkite kalakutieną ir austres, jei naudojate, ir kepkite, kol austrės susisuks, 1-2 minutes. Išimkite lauro lapus ir sureguliuokite prieskonius. Suberkite petražoles ir patiekite dubenėliuose ant ryžių.

25. Gumbo be Roux

GAMINA 6-8 PORCIJAS

INGRIDIENTAI

2 svarai vidutinių krevečių kevalais su galvomis arba 1 svaras nuluptų ir nuluptų šaldytų krevečių, atšildytų

3 puodeliai supjaustytos šviežios okraos arba 3 puodeliai šaldytos supjaustytos okraos, atšildytos

1 svaras vištienos šlaunelių be kaulų, supjaustytų 1 colio gabalėliais

Kreoliniai prieskoniai vištienos apibarstymui plius 1/2 arbatinio šaukštelio

1 arbatinis šaukštelis plius 3 šaukštai augalinio aliejaus

1 didelis svogūnas, susmulkintas

1 žalia paprika, susmulkinta

1 ryšelis žalių svogūnų, susmulkintų, atskirtos žalios ir baltos dalys

2 salierų stiebeliai, susmulkinti

3 česnako skiltelės, susmulkintos

1 (15 uncijų) skardinė susmulkintų pomidorų

4 puodeliai krevečių ir (arba) vištienos sultinio

1/2 arbatinio šaukštelio druskos

10 maltų ant juodųjų pipirų malūnėlio

1 arbatinis šaukštelis salierų druskos

1 kupinas šaukštas kapotų plokščialapių petražolių

1 valgomasis šaukštas filė miltelių

Virti ilgagrūdžiai balti ryžiai, patiekimui

Jei naudojate šviežias krevetes, pašalinkite galvas ir kevalus ir nuimkite krevetes. Įdėkite lukštus ir galvutes į vidutinį puodą, įpilkite vandens tiek, kad lukštai būtų padengti bent 2 coliais, ir užvirkite. Uždenkite, sumažinkite ugnį iki minimumo ir troškinkite 30 minučių. Kai šiek tiek atvės, sultinį supilkite į didelį matavimo puodelį ir išmeskite lukštus. Jums reikės 4 puodelių sultinio. Likusią dalį pasilikite vėlesniam naudojimui.

Keptuvėje ant vidutinės ugnies įkaitinkite 1 arbatinį šaukštelį aliejaus ir sudėkite okra. Virkite dažnai vartydami, kol nuo okra pašalins visas gleivingumas. Atidėti.

Vištieną iš visų pusių apibarstykite kreoliniais prieskoniais. Dideliame, sunkiame puode įkaitinkite likusį aliejų ir 2 porcijomis apkepkite vištienos gabalėlius iš visų pusių. Išimkite vištieną į lėkštę.

Į puodą sudėkite svogūną, baltas žaliųjų svogūnų dalis, papriką ir salierą ir pakepinkite, kol taps skaidrūs. Sudėkite česnaką ir dar minutę pakepinkite.

Grąžinkite vištieną į puodą ir suberkite okra, pomidorus, sultinį, likusius kreolų prieskonius, druską, pipirus ir salierų druską. Uždenkite ir troškinkite 30 minučių.

Sudėkite krevetes, žaliųjų svogūnų viršūnes ir petražoles ir kepkite 5-10 minučių ilgiau arba tol, kol krevetės taps tik rausvos spalvos. Įdėkite filė į puodą, jei ketinate patiekti visą gumbo. Patiekite dubenėliuose ant ryžių. Jei filė nepridėjote, į kiekvieną dubenį įpilkite 1/2-3/4 arbatinio šaukštelio.

26. Antis ir Andouille Gumbo

GAMINA 6-8 PORCIJAS

INGRIDIENTAI

1 (6 svarų) ančiukas

2 svogūnai, 1 supjaustytas ketvirčiais, o kitas supjaustytas

4 salierų stiebai, 2 supjaustyti gabalėliais, o kiti 2 susmulkinti

4 lauro lapai, padalinti

Šviežiai malti juodieji pipirai, pagal skonį

1 svaras andouille dešros, supjaustytos kąsnio dydžio gabalėliais

3/4 puodelio augalinio aliejaus

1 puodelis universalių miltų

1 ryšelis žalių svogūnų, susmulkintų, atskirtos baltos ir žalios dalys

1 žalia paprika, susmulkinta

4 česnako skiltelės, susmulkintos

1/2 arbatinio šaukštelio džiovintų čiobrelių

1/2 arbatinio šaukštelio kreolų prieskonių

1/4 arbatinio šaukštelio kajeno pipirų

1 valgomasis šaukštas Worcestershire padažo

Druska, pagal skonį

1/2 puodelio kapotų plokščialapių petražolių

Virti ilgagrūdžiai balti ryžiai, patiekimui

Nuplaukite antį ir pašalinkite riebalų perteklių. Įdėkite antį į didelį puodą ir užpilkite vandeniu. Įdėkite ketvirčiais supjaustytą svogūną, salierų gabalėlius, 2 lauro lapus ir keletą maltų pipirų malūnėlių. Užvirinkite. Sumažinkite ugnį iki minimumo ir troškinkite, kol antis iškeps, maždaug 45 minutes. Išimkite antį iš puodo ir leiskite pailsėti, kol pakankamai atvės, kad galėtumėte apdoroti. Išimkite antį ir supjaustykite mėsą kąsnio dydžio gabalėliais. Mėsą atidėkite į šalį.

Kaulus grąžinkite į puodą ir troškinkite 1 valandą. Sultinį perkoškite į didelį dubenį ir atvėsinkite. Šaldykite, kol riebalai sukietės, nugriebkite ir išmeskite riebalus.

Didelėje keptuvėje apkepkite dešrą ant vidutinės-stiprios ugnies. Atidėti.

Dideliame, sunkiame puode ant stiprios ugnies įkaitinkite aliejų; suberkite miltus ir nuolat maišykite, kol roux pradės ruduoti. Sumažinkite ugnį iki vidutinės arba vidutinės-žemos ir virkite nuolat maišydami, kol ruksas taps tamsaus šokolado spalvos.

Suberkite susmulkintą svogūną, baltas žaliųjų svogūnų dalis, salierą ir papriką ir maišydami kepkite, kol suvys. Sudėkite česnaką ir dar minutę pakepkite. Palaipsniui įmaišykite 6 puodelius sultinio. (Jei turite papildomų atsargų, užšaldykite jas kitam naudojimui.) Įdėkite likusius lauro lapus ir čiobrelius, kreolų prieskonius, kajeno pipirus ir Vusterio padažą ir pagardinkite druska.

Sudėkite dešrą ir antį ir uždengę troškinkite, kol antis suminkštės, apie 1 valandą. Įmaišykite petražoles ir žaliųjų svogūnų viršūnes.

Patiekite dubenėliuose ant ryžių su karštu padažu ir karšta prancūziška duona ant šono.

27. Troškinta žąsis ir Foie Gras Jambalaya

GAMINA 4-6 PORCIJAS

INGRIDIENTAI

1 puodelis žąsienos

6 uncijos foie gras, susmulkinta

12 česnako skiltelių, nuluptų ir susmulkintų

1 svogūnas, vidutiniškai pjaustytas

2 žalios paprikos, vidutinio dydžio kubeliais

6 salierų stiebai, vidutinio dydžio kubeliais

2 lauro lapai

1 arbatinis šaukštelis kajeno pipirų

4 šaukštai košerinės druskos arba pagal skonį

1/2 puodelio raudonojo vyno

2 puodeliai ryžių

4 puodeliai paukštienos sultinio

1 valgomasis šaukštas kapotų šviežių šalavijų

1 valgomasis šaukštas smulkintų šviežių čiobrelių

Žąsieną kepkite vidutinėje keptuvėje ant stiprios ugnies maišydami, kol ji apskrus. Sumažinkite ugnį iki minimumo, įpilkite nedidelį kiekį vandens, sandariai uždenkite ir kepkite, kol mėsa suminkštės, apie 1-2 valandas.

Padėkite keptuvę storu dugnu ant vidutinės-stiprios ugnies. Į keptuvę įpilkite foie gras ir 5 sekundes pasukite, kad ištirptų. Sudėkite česnaką, svogūną, papriką, salierą, lauro lapus, kajeną ir druską. Tolygiai pasukiokite mediniu šaukštu 3-5 minutes arba kol svogūnas taps skaidrus, o daržovės suminkštės ir pradės ruduoti.

Įpilkite vyno ir nuolat maišykite, kad keptuvė nusausintų, kad skystis visiškai išgaruotų.

Sudėkite mėsą, ryžius ir sultinį, o jambalaya užvirkite. Sumažinkite ugnį, uždenkite keptuvę ir virkite 10 minučių. Išjunkite ugnį, laikykite keptuvę uždengę ir toliau virkite garuose, kol ryžiai išvirs iki galo. Ryžius suplakite šakute, suberkite šalavijus ir čiobrelius.

28. Juodoji Jambalaya

GAMINA 10-12 PORCIJŲ

INGRIDIENTAI

1/4 puodelio augalinio aliejaus

1 svaras Luizianos rūkytos dešros, tokios kaip andouille, chaurice arba žalias svogūnas, supjaustytas 1/4 colio storio apskritimais

1 didelis svogūnas, supjaustytas kubeliais

3 salierų stiebai, supjaustyti kubeliais

2 poblano pipirai, supjaustyti kubeliais

1/4 puodelio malto česnako

1/2 svaro rūkytos kiaulienos užpakalis (žr. pastabą)

1/2 svaro rūkytų vištienos šlaunelių (žr. pastabą)

1 (12 uncijų) skardinė juodaakiai žirniai

4 puodeliai sultinio, geriausia kiaulienos (žr. pastabą)

2 šaukštai kapotų šviežių raudonėlių

2 šaukštai kapotų plokščialapių petražolių

2 šaukštai kapotų šviežių čiobrelių

1 valgomasis šaukštas košerinės druskos

1 arbatinis šaukštelis šviežiai maltų juodųjų pipirų

1 arbatinis šaukštelis kajeno pipirų

2 puodeliai dėdės Beno ilgagrūdžių ryžių

Dideliame, sunkiame puode, geriausia juodajame ketaus, įkaitinkite aliejų ant vidutinės ugnies. Sudėkite dešrą ir kepkite, kol susisuks. Sudėkite svogūnus, salierus, papriką ir česnaką ir pakepinkite iki skaidrumo. Įdėkite kiaulieną ir virkite 5 minutes, dažnai maišydami. Sudėkite vištieną ir kepkite dar 5 minutes. Suberkite juoduosius žirnelius ir virkite dar 5 minutes.

Įpilkite sultinio ir užvirinkite. Suberkite žoleles ir prieskonius, tada ryžius ir užvirinkite. Uždenkite ir virkite ant silpnos ugnies, kol ryžiai iškeps, apie 30 minučių.

PASTABA * Jei nenorite rūkyti kiaulienos ar vištienos, galite ją troškinti. Norėdami pakepinti kiaulieną, įtrinkite ją druska ir pipirais ir apkepkite iš visų pusių juodoje geležinėje keptuvėje, tada kepkite vandenyje ant viryklės arba orkaitėje, kol mėsa nukris nuo kaulo. Tada galite naudoti troškinimo skystį sultiniams. Norėdami paruošti vištieną, įtrinkite ją druska ir pipirais ir kepkite iš visų pusių aukštoje temperatūroje, kol ji karamelizuosis ir iškeps 75 proc., prieš suberdami kąsnio dydžio gabaliukais į jambalaya.

29. Vištiena, krevetės ir dešra Jambalaya

GAMINA 6-8 PORCIJAS

INGRIDIENTAI

1 vištiena, supjaustyta į 10 dalių, krūtinėlė padalinta į keturias dalis Druska, šviežiai malti juodieji pipirai ir kreolų prieskoniai pagal skonį

1/4 puodelio augalinio aliejaus

1 svaras rūkytos dešros, geriausia kiaulienos, supjaustytos 1/4 colio storio apskritimais

1 didelis svogūnas, susmulkintas

6 žalieji svogūnai, susmulkinti, atskirtos žalios ir baltos dalys

1 žalia paprika, susmulkinta

2 salierų stiebeliai, susmulkinti

4 česnako skiltelės, susmulkintos

3 puodeliai vandens arba daugiau, jei reikia

1/2 arbatinio šaukštelio druskos

1/2 arbatinio šaukštelio šviežiai maltų juodųjų pipirų

1 valgomasis šaukštas kreolų prieskonių

1 1/2 puodelio ilgagrūdžių baltųjų ryžių

2 svarai krevečių, nuluptų ir nuluptų, arba 1 svaras vidutiniškai nuluptų ir nuluptų šaldytų krevečių, atšildytų

1/3 puodelio maltų itališkų plokščialapių petražolių

Vištienos gabaliukus nuplaukite ir nusausinkite. Pagardinkite iš visų pusių druska, šviežiai maltais juodaisiais pipirais ir kreoliniais prieskoniais. Dideliame, sunkiame puode įkaitinkite aliejų. Kai įkaista, apkepkite vištieną iš visų pusių ir nuimkite ant popierinių rankšluosčių. Apkepkite dešrą ir išimkite iš puodo.

Jei reikia, įpilkite tiek aliejaus, kad apsemtų puodo dugną. Sudėkite svogūną, baltąsias žaliųjų svogūnų dalis, papriką ir salierą ir pakepinkite iki skaidrumo. Sudėkite česnaką ir dar minutę pakepinkite. Įpilkite vandens ir prieskonių ir užvirinkite ant stiprios ugnies. Suberkite ryžius, uždenkite ir sumažinkite ugnį iki minimumo. Troškinkite 20 minučių. Švelniai įmaišykite krevetes (šiuo metu puodo dugne turėtų būti šiek tiek skysčio. Jei ne, įpilkite 1/4 puodelio vandens, kad krevetės kepa), žaliųjų svogūnų viršūnes, petražoles ir troškinkite. dar 10 minučių arba kol vanduo susigers. Švelniai išmaišykite, kad nesuskiltų ingredientai.

Patiekite karštą su karšta prancūziška duona ir salotomis bei Luizianos karštu padažu ant šono.

30. Vėžiai ir dešra Jambalaya

GAMINA 8-10 PORCIJŲ

INGRIDIENTAI

3 šaukštai augalinio aliejaus

1 vidutinio dydžio svogūnas, supjaustytas

1 ryšelis žalių svogūnų, susmulkintų, atskirtos baltos ir žalios dalys

1 žalia paprika, susmulkinta

2 salierų stiebeliai, susmulkinti

3 česnako skiltelės, susmulkintos

1 svaras rūkytos dešros, supjaustytos 1/4 colio storio apskritimais

1 (14,5 uncijos) skardinė pjaustytų pomidorų

1 valgomasis šaukštas pomidorų pastos

3 puodeliai jūros gėrybių sultinio, pageidautina, arba vištienos sultinio arba vandens

1/2 arbatinio šaukštelio džiovintų čiobrelių

1/4 arbatinio šaukštelio kreolų prieskonių

1/2 arbatinio šaukštelio druskos

1/2 arbatinio šaukštelio šviežiai maltų juodųjų pipirų

1 arbatinis šaukštelis Worcestershire padažo

1 1/2 puodelio ryžių

1 svaras Luizianos vėžių uodegos su riebalais

2 šaukštai kapotų plokščialapių petražolių

Dideliame, sunkiame puode įkaitinkite aliejų. Sudėkite svogūną, baltąsias žaliųjų svogūnų dalis, papriką ir salierą ir pakepinkite iki skaidrumo. Sudėkite česnaką ir dešrą ir pakepinkite dar porą minučių. Sudėkite pomidorus, pomidorų pastą, sultinį ir užvirkite. Suberkite prieskonius, išskyrus petražoles, sumažinkite ugnį iki minimumo, uždenkite ir troškinkite 5 minutes. Vėl užvirkite ir suberkite ryžius. Dar kartą sumažinkite ugnį ir troškinkite uždengę 10 minučių. Įdėkite vėžių ir žaliųjų svogūnų viršūnes ir troškinkite, kol skystis susigers, dar apie 20 minučių. Nukelkite nuo ugnies ir apibarstykite petražolėmis.

31. Pastalaya

GAMINA 6–8 PORCIJAS

INGRIDIENTAI

3 šaukštai augalinio aliejaus, pavyzdžiui, rapsų

1/2 svaro rūkytos dešros, supjaustytos 1/2 colio storio apskritimais

2 vištienos krūtinėlės be kaulų, be odos, supjaustytos kąsnio dydžio kubeliais

1 didelis svogūnas, susmulkintas

1/2 žaliosios paprikos, susmulkintos

2 salierų stiebeliai, susmulkinti

6 žali svogūnai, supjaustyti

3 didelės česnako skiltelės, susmulkintos

1 (14,5 uncijos) skardinė pjaustytų pomidorų

3 puodeliai vištienos sultinio, naminio arba konservuoto

1/2 arbatinio šaukštelio džiovintų čiobrelių

1/2 arbatinio šaukštelio kreolų prieskonių

Druska ir šviežiai malti juodieji pipirai pagal skonį

12 uncijų spagečių ar kitų makaronų

Dideliame, sunkiame puode įkaitinkite aliejų iki karšto. Apkepkite dešrą iš abiejų pusių ant stiprios ugnies ir išimkite iš puodo. Vištienos kubelius apkepkite ir išimkite iš puodo. Sumažinkite ugnį iki vidutinės ugnies, pakepinkite svogūną, papriką, salierą ir žaliuosius svogūnus, kol suvys. Sudėkite česnaką ir dar minutę pakepinkite. Įpilkite pomidorų ir vištienos sultinio, o dešrą ir vištieną grąžinkite į puodą. Troškinkite uždengę 15 minučių.

Sudėkite makaronus ir įmaišykite į skystį. Troškinkite uždengę dangtį ant vidutinės-mažos ugnies, retkarčiais pamaišydami, dar 15 minučių arba tol, kol makaronai taps al dente ir sugers didžiąją dalį skysčio.

32. Lėta viryklė Jambalaya

GAMINA 6-8 PORCIJAS

INGRIDIENTAI

1 1/2 svaro vištienos šlaunelių be kaulų, nuplautos, nuimtos nuo riebalų pertekliaus ir supjaustytos 1 colio kubeliais

3 saitų Cajun rūkyta dešra (iš viso apie 14 uncijų), supjaustyta 1/4 colio storio apskritimais

1 vidutinio dydžio svogūnas, supjaustytas

1 žalia paprika, susmulkinta

1 saliero stiebas, susmulkintas

3 česnako skiltelės, susmulkintos

2 šaukštai pomidorų pastos

1 arbatinis šaukštelis kreolų prieskonių

1 arbatinis šaukštelis druskos

1/2 arbatinio šaukštelio šviežiai maltų juodųjų pipirų

1/2 arbatinio šaukštelio Tabasco padažo

1/2 arbatinio šaukštelio Vusterio padažo

2 puodeliai vištienos sultinio

1 1/2 puodelio ilgagrūdžių ryžių

2 svarai vidutinių krevečių, nuluptų ir nuluptų (neprivaloma)

Sudėkite visus ingredientus (išskyrus krevetes, jei naudojate) į lėtą viryklę. Išmaišykite, uždenkite ir virkite ant silpnos ugnies 5 valandas.

Jei naudojate krevetes, po 5 virimo valandų jas atsargiai įmaišykite ir virkite aukštoje temperatūroje nuo 30 minučių iki 1 valandos arba tol, kol krevetės iškeps, bet neperkeps.

LAGNIAPPE

33. Crawfish Bisque

PAGAMINA 4 PORCIJAS

INGRIDIENTAI

3 šaukštai plius 1/2 puodelio augalinio aliejaus, padalintas

2 svarai šviežių vėžių uodegų, padalintų arba 2 šaldytos (1 svaro) pakuotės, atšildytos, padalintos

1 svogūnas, susmulkintas ir padalintas

1 krūva žaliųjų svogūnų, susmulkintų ir padalintų

1 žalia paprika, susmulkinta ir padalinta

3 česnako skiltelės, susmulkintos ir padalintos

3/4 arbatinio šaukštelio druskos, padalinta

3/4 arbatinio šaukštelio šviežiai maltų juodųjų pipirų, padalintų

3/4 arbatinio šaukštelio kreolų prieskonių, padalinta

2 puodeliai duonos trupinių, pagaminti virtuviniu kombainu iš pasenusios prancūziškos duonos

1 kiaušinis, sumuštas

2/3 puodelio plius 1/2 puodelio universalių miltų, padalinta

5 puodeliai jūros gėrybių sultinio arba vandens

2 šaukštai pomidorų pastos

Įberkite kajeno pipirų arba pagal skonį

2 puodeliai virtų ilgagrūdžių baltųjų ryžių

2 šaukštai kapotų plokščialapių petražolių

Įkaitinkite orkaitę iki 350°. Apipurkškite didelę kepimo skardą nepridegančiu kepimo purškalu ir atidėkite į šalį.

Didelėje keptuvėje įkaitinkite 3 šaukštus aliejaus ir pakepinkite pusę svogūnų, žaliųjų svogūnų, paprikos ir česnako. Įdėkite 1 svarą vėžių ir patroškinkite 5 minutes. Išimkite mišinį į virtuvinį kombainą ir sumalkite iki maltos mėsos konsistencijos. Supilkite mišinį į dubenį, įpilkite 1/4 arbatinio šaukštelio druskos, 1/4 arbatinio šaukštelio pipirų, 1/4 arbatinio šaukštelio kreolų prieskonių, duonos trupinius, kiaušinį ir gerai išmaišykite.

2/3 puodelio miltų suberkite į negilią kepimo indą. Susukite mišinį į 1 colio rutuliukus. Rutuliukus apvoliokite miltuose ir dėkite ant kepimo skardos. Kepkite, keletą kartų apversdami rutuliukus, kol viskas lengvai paruduos, apie 35 minutes. Atidėti.

Likusį aliejų įkaitinkite vidutinio sunkumo puode ant vidutinės-stiprios ugnies. Nuolat maišydami suberkite likusius miltus, kol pasidarys žemės riešutų sviesto spalvos. Sudėkite likusius svogūnus, papriką ir česnaką ir pakepinkite, kol taps skaidrūs. Įpilkite sultinio arba vandens, pomidorų pastos, likusios druskos, pipirų ir kreolų prieskonių bei kajeno pipirų ir troškinkite uždengę 15 minučių.

Likusias vėžių uodegas susmulkinkite ir supilkite į biskvitą ir toliau virkite 15 minučių. Norėdami gauti vientisą biskį, sutrinkite rankiniu trintuvu. Sudėkite vėžių rutuliukus ir troškinkite dar 5 minutes.

Patiekite dubenėliuose ant ryžių. Pabarstykite petražolėmis.

34. Crawfish Étouffée

PAGAMINA 8-10 PORCIJŲ ARBA PAKAKANKA MIULAI VAKĖLIŲ BUFETE

INGRIDIENTAI

3/4 puodelio sviesto arba augalinio aliejaus

3/4 puodelio universalių miltų

1 didelis svogūnas, susmulkintas

1 ryšelis žalių svogūnų, susmulkintų, atskirtos baltos ir žalios dalys

1 žalia paprika, susmulkinta

3 salierų stiebeliai, susmulkinti.

4 didelės česnako skiltelės, susmulkintos

3 šaukštai pomidorų pastos

6 puodeliai jūros gėrybių sultinio arba vandens (žr. pastabą)

1/2 arbatinio šaukštelio džiovintų čiobrelių

3 lauro lapai

1 arbatinis šaukštelis kreolų prieskonių

1 arbatinis šaukštelis druskos

1 valgomasis šaukštas šviežių citrinų sulčių

Kajeno pipirai ir šviežiai malti juodieji pipirai pagal skonį

2-3 svarai vėžių uodegos su riebalais

3 šaukštai susmulkintų plokščialapių petražolių

Virti ilgagrūdžiai balti ryžiai, patiekimui

Dideliame, sunkiame puode ištirpinkite sviestą arba įkaitinkite aliejų ant vidutinės ugnies. Suberkite miltus ir nuolat maišykite. Jei naudojate sviestą, virkite roux, kol jis taps šviesiai arba auksinės spalvos. Jei naudojate aliejų, toliau kepkite maišydami, kol roux bus vidutiniškai rudas. Sudėkite svogūnus, baltąsias žaliųjų svogūnų dalis, paprikas, salierą ir česnaką ir pakepinkite maišydami, kol taps skaidrūs.

Įpilkite pomidorų pastos, sultinio arba vandens, čiobrelių, lauro lapų, kreolų prieskonių, druskos ir citrinos sulčių, pagardinkite kajenu ir pipirais ir užvirinkite. Sumažinkite ugnį, uždenkite ir troškinkite 20 minučių, retkarčiais pamaišydami ir nugriebdami riebalus nuo viršaus. Suberkite vėžius, petražoles ir žaliųjų svogūnų viršūnes, užvirinkite, sumažinkite ugnį ir troškinkite 10 minučių. Išimkite lauro lapus.

Paruošę patiekti, švelniai pašildykite ir patiekite ant ryžių.

35. Vėžių pyragai

GAMINA 5 (5 colių) INDIVIDUALIUS PYRAGAUS

INGRIDIENTAI

Tešlos užtenka keturiems 9 colių pyragams (parduotuvėje pirkta gerai)

2 svarai vėžių uodegos su riebalais, padalinta

6 šaukštai sviesto

6 šaukštai universalių miltų

2 vidutiniai svogūnai, supjaustyti

1 žalia paprika, susmulkinta

4 česnako skiltelės, susmulkintos

2 puodeliai pusantro

4 šaukštai šerio

2 šaukštai šviežių citrinų sulčių

1 arbatinis šaukštelis druskos

15 pasukimų įjungia juodųjų pipirų malūnėlį

1 arbatinis šaukštelis kajeno pipirų

4 šaukštai kapotų plokščialapių petražolių

1 kiaušinio baltymas, išplaktas

Įkaitinkite orkaitę iki 350°.

Pyrago tešlą iškočiokite iki 1/8 colio storio. Tešlos turėtų pakakti penkiems 5 colių dvisluoksniams pyragams. Kad gautumėte tinkamo dydžio dugno plutai, vieną iš formų apverstą padėkite ant tešlos ir nupjaukite tešlą 1 colio atstumu nuo keptuvės krašto. Viršutinė pluta turi būti nupjauta 5 colių atstumu, kad geriausiai tilptų. Apatines pluteles sudėkite į pyrago formeles, o viršutines pluteles laikykite šaltai šaldytuve.

Virtuvės kombainu susmulkinkite pusę vėžių uodegų, kol beveik susmulkins. Kitus palikite sveikus.

Ištirpinkite sviestą vidutinio sunkumo puode arba didelėje keptuvėje ant vidutinės ugnies. Suberkite miltus ir nuolat maišykite, kol roux taps šviesiai rudas. Sudėkite svogūną ir papriką ir pakepinkite apie 5 minutes. Sudėkite česnaką ir pakepinkite dar 1 minutę. Įpilkite pusantro, šerio, citrinos sulčių, druskos, pipirų, kajeno ir petražolių ir virkite 5 minutes. Sudėkite susmulkintus ir sveikus vėžius ir kepkite dar 5 minutes.

Užpildykite kiekvieną paruoštą pyrago kevalą maždaug 1 puodeliu vėžių įdaro. Uždenkite viršutine plutele ir užspauskite kraštus. Viršutinėje plutoje įpjaukite keletą plyšių ir aptepkite kiaušinio plakiniu. Padėkite pyragus ant sausainių lakštų ir kepkite, kol įdaras pasidarys burbuliukas, o plutelė taps auksinės rudos spalvos, maždaug 1 valandą.

36. Nešvarūs ryžiai

GAMINA 8-10 PORCIJŲ

INGRIDIENTAI

3 puodeliai vandens

1 1/2 puodelio ilgagrūdžių baltųjų ryžių

1/4 plius 1 arbatinis šaukštelis druskos, padalintas

2 šaukštai augalinio aliejaus

1 svogūnas, susmulkintas

6 žali svogūnai, susmulkinti, atskirtos baltos ir žalios dalys

1 žalia paprika, susmulkinta

2 salierų stiebeliai, susmulkinti

3 česnako skiltelės, susmulkintos

1 svaras maltos jautienos

1 svaras susmulkintų vištienos kepenėlių

1/2 arbatinio šaukštelio šviežiai maltų juodųjų pipirų

1/2 arbatinio šaukštelio kajeno pipirų

1/3 puodelio kapotų plokščialapių petražolių

Vidutiniame puode užvirinkite vandenį. Įpilkite ryžių ir 1/4 arbatinio šaukštelio druskos. Sumažinkite ugnį iki minimumo, uždenkite ir virkite, kol visas vanduo susigers, maždaug 20 minučių.

Vidutiniame, sunkiame puode įkaitinkite aliejų ir pakepinkite svogūną, baltąsias žaliųjų svogūnų dalis, papriką ir salierą iki skaidrumo. Sudėkite česnaką ir dar minutę pakepinkite. Sudėkite maltą jautieną ir pakepinkite maišydami. Sudėkite vištienos kepenėles ir toliau kepkite ir maišykite, kol jautiena ir kepenėlės iškeps, maždaug 10 minučių. Suberkite pipirus ir kajeną, uždenkite ir troškinkite 5 minutes.

Įmaišykite petražoles ir žaliųjų svogūnų viršūnes. Švelniai įmaišykite ryžius. Patiekite su Luizianos karštu padažu ant šono.

37. Sardou kiaušiniai

PAGAMINA 4 PORCIJAS

INGRIDIENTAI

OLLANDAISE PADAŽUI

2 dideli kiaušinių tryniai

1 1/2 šaukštai šviežių citrinų sulčių

2 lazdelės nesūdyto sviesto

Druska ir šviežiai malti juodieji pipirai pagal skonį

DĖL KIAUŠINIŲ

2 (9 uncijos) maišeliai šviežių špinatų

1 valgomasis šaukštas alyvuogių aliejaus

1 arbatinis šaukštelis malto česnako

1/3 puodelio riebios grietinėlės

Druska ir šviežiai malti juodieji pipirai pagal skonį

8 šviežiai virti arba konservuoti artišokų dugnai

2 šaukštai baltojo acto

8 kiaušiniai

Norėdami pagaminti padažą, kiaušinių trynius ir citrinos sultis sudėkite į maišytuvą. Pulsuokite kelis kartus, kad sumaišytumėte.

Sviestą ištirpinkite stikliniame indelyje mikrobangų krosnelėje, atsargiai, kad neužvirtų. Į kiaušinių masę pamažu supilkite sviestą ir plakite, kol susidarys tirštesnis kreminis padažas. Pagardinkite druska ir pipirais.

Norėdami pagaminti kiaušinius, paruoškite špinatus kepdami juos alyvuogių aliejuje puode, maišydami, kol suvys ir vis dar ryškiai žali. Įmaišykite grietinėlę, pagardinkite druska, pipirais ir laikykite šiltai.

Įkaitinkite artišokų dugną ir laikykite šiltai.

Užpildykite keptuvę arba negilų puodą 2 1/2 colio vandens. Įpilkite acto ir pakaitinkite iki vidutinio karštumo.

Po vieną įmuškite 4 kiaušinius į mažą puodelį ir švelniai supilkite juos į vandenį. Virkite kiaušinius, kol jie pakils į skysčio viršų, o tada apverskite juos šaukštu. Virkite, kol baltymai sustings, bet tryniai vis dar bus skysti. Išimkite kiaurasamčiu ir nusausinkite popieriniais rankšluosčiais. Pakartokite su likusiais kiaušiniais.

Ant kiekvienos iš 4 lėkščių dėkite po šaukštą špinatų. Ant kiekvienos lėkštės ant špinatų uždėkite po 2 artišokų dugnus ir ant kiekvieno artišoko uždėkite po kiaušinį. Viską užpilkite olandišku padažu ir nedelsdami patiekite.

38. Kruopos ir grotelės

GAMINA 6 PORCIJAS

INGRIDIENTAI

1 (3 svarai) jautienos arba veršienos apvalus kepsnys, susmulkintas iki maždaug 1/4 colio storio

Druska ir šviežiai malti juodieji pipirai pagal skonį

1 puodelis universalių miltų

3/4 puodelio augalinio aliejaus, padalintas

1 didelis svogūnas, susmulkintas

1 žalia paprika, susmulkinta

1 ryšelis žalių svogūnų, susmulkintų, atskirtos žalios ir baltos dalys

3 česnako skiltelės, susmulkintos

1 didelis pomidoras, supjaustytas

1 valgomasis šaukštas pomidorų pastos

1/2 puodelio raudonojo vyno

3 puodeliai vandens

1 arbatinis šaukštelis raudonojo vyno acto

1/2 arbatinio šaukštelio džiovintų čiobrelių

1 valgomasis šaukštas Worcestershire padažo

Druska, šviežiai malti juodieji pipirai ir kreolų prieskoniai pagal skonį

3 šaukštai susmulkintų plokščialapių petražolių

Kruopos 6 porcijoms, virtos pagal pakuotės nurodymus

Jautieną supjaustykite maždaug 2 × 3 colių gabalėliais. Iš abiejų pusių gausiai pagardinkite druska ir pipirais.

Įkaitinkite 1/4 puodelio aliejaus didelėje, sunkioje keptuvėje ir suberkite miltus į negilų dubenį ar lėkštę. Kiekvieną kepsnio gabalėlį apibarstykite miltais, nukratykite perteklių ir apkepkite iš abiejų pusių. Mėsą perkelkite ant popierinių rankšluosčių.

Į keptuvę įpilkite likusį aliejų ir pakepinkite svogūnus, baltas žaliųjų svogūnų dalis, papriką ir česnaką, kol taps skaidrūs. Įpilkite pomidorų, pomidorų pastos, vyno, vandens, acto, čiobrelių, Vusterio padažo ir mėsos bei pagardinkite druska, pipirais ir kreolų prieskoniais. Užvirinkite. Sumažinkite ugnį, uždenkite ir troškinkite, kol mėsa suminkštės, maždaug 1 1/2 valandos. Įdėkite petražolių ir žaliųjų svogūnų viršūnes ir patiekite ant kruopų.

39. Natchitoches mėsos pyragai

SUDARO APIE 24

INGRIDIENTAI

2 šaukštai augalinio aliejaus

1 didelis svogūnas, susmulkintas

6 žali svogūnai, supjaustyti

1 žalia paprika, susmulkinta

3 česnako skiltelės, susmulkintos

1 svaras maltos jautienos

1 svaras maltos kiaulienos

1 arbatinis šaukštelis kreolų prieskonių

1/2 arbatinio šaukštelio druskos

1/2 arbatinio šaukštelio šviežiai maltų juodųjų pipirų

1/4 arbatinio šaukštelio kajeno pipirų

1/4 puodelio universalių miltų

1 pakuotė (2 plutos) šaldyti pyragaičiai

2 kiaušinių baltymai, išplakti

Didelėje, sunkioje keptuvėje įkaitinkite aliejų. Sudėkite daržoves ir patroškinkite iki skaidrumo. Sudėkite mėsą ir, retkarčiais pamaišydami, kepkite ant stiprios ugnies kelias minutes. Sumažinkite ugnį ir kepkite toliau, šaukštu pjaustydami mėsą, kol ji gerai apskrus. Suberkite prieskonius ir miltus ir toliau kepkite 10 minučių. Nukelkite nuo ugnies. Įdarą galima pasigaminti iš anksto ir laikyti šaldytuve, kol būsite pasiruošę jį naudoti.

Kai būsite pasiruošę gaminti pyragus, įkaitinkite orkaitę iki 350°. Apipurkškite 2 sausainių lakštus nepridegančiu kepimo purškalu.

Atšaldytus pyragus dėkite ant lygaus paviršiaus ir šiek tiek ploniau iškočiokite. Vidutine sausainių pjaustykle išpjaukite apskritimus. Ant kiekvieno apskritimo pusės dėkite po kupiną šaukštą įdaro, palikdami kraštą aiškų. Tai bus pyrago dugnas. Užpildykite nedidelį dubenį vandeniu. Panardinkite pirštą į vandenį ir sušlapinkite apatinės tešlos pusės kraštą, o viršutinę dalį užlenkite, kad susidarytų apyvarta. Užsandarinkite kraštus kartu su šakutės dantimis ir padėkite pyragus maždaug 1 colio atstumu vienas nuo kito ant paruoštų sausainių lakštų.

Aptepkite pyragus kiaušinių baltymais ir kiekvieno pyrago viršuje padarykite porą mažų įpjovų. Kepkite iki auksinės rudos spalvos.

40. Austrių artišokas Gumbo

GAMINA 6-8 PORCIJAS

INGRIDIENTAI

3 dešimtys ištrintų austrių su jų gėrimu ir papildomas alkoholinis gėrimas, jei yra

1 lazdelė sviesto

1/2 puodelio universalių miltų

1 didelis svogūnas, susmulkintas

6 žali svogūnai, susmulkinti, atskirtos baltos ir žalios dalys

2 salierų stiebeliai, susmulkinti

4 didelės česnako skiltelės, susmulkintos

6 puodeliai austrių sultinio ir jūros gėrybių sultinio (arba vištienos sultinio)

1 (14 uncijų) skardinė, supjaustyta ketvirčiais artišokų širdelių, nusausinta ir supjaustyta kąsnio dydžio gabalėliais

1/4 arbatinio šaukštelio kajeno pipirų

1 arbatinis šaukštelis kreolų prieskonių

1/2 arbatinio šaukštelio salierų druskos

1 arbatinis šaukštelis Worcestershire padažo

Druska ir šviežiai malti juodieji pipirai pagal skonį

1 puodelis pusantro

2 šaukštai kapotų plokščialapių petražolių

Nukoškite austres ir rezervuokite alkoholį. Patikrinkite, ar austrėse nėra lukštų fragmentų, ir atidėkite.

Sunkiame puode ant silpnos ugnies ištirpinkite sviestą ir nuolat maišydami suberkite miltus, kol sutirštės ir tik pradės ruduoti (blond roux). Sudėkite svogūną, baltąsias žaliųjų svogūnų dalis ir salierą ir pakepinkite, kol suvys. Sudėkite česnaką ir pakepinkite dar minutę.

Įpilkite austrių gėrimo, sultinio, artišokų, kajeno pipirų, kreolų prieskonių, salierų druskos ir Vusterio padažo ir pagardinkite druska bei pipirais (pradėkite nuo nedidelio kiekio druskos, nes austrės gali būti sūrios). Uždenkite ir troškinkite 10 minučių. Sudėkite pusantros, beveik užvirkite ir sudėkite austres. Sumažinkite ugnį ir troškinkite keletą minučių arba tol, kol austrės susisuks. Išjunkite ugnį ir įmaišykite žaliųjų svogūnų viršūnes ir petražoles. Prieš patiekdami sureguliuokite prieskonius.

41. Austrių padažas

GAMINA 8–10 PORCIJŲ

INGRIDIENTAI

1 dienos senumo prancūziškos duonos kepalas, suplėšytas kąsnio dydžio gabalėliais

3 dešimtys susmulkintų austrių, perkoštos ir išgertos

Austrių likeris ir tiek vištienos arba kalakutienos sultinio, kad pagamintumėte 2 puodelius

1 lazdelė sviesto

1 svogūnas, susmulkintas

1 krūva žalių svogūnų, susmulkintų

3 salierų stiebeliai, susmulkinti

3 česnako skiltelės, susmulkintos

3 šaukštai susmulkintų plokščialapių petražolių

1/2 arbatinio šaukštelio druskos arba pagal skonį

12 pasukimų įjungia juodųjų pipirų malūnėlį

1/2 arbatinio šaukštelio kajeno pipirų arba pagal skonį

1 arbatinis šaukštelis malto šalavijo

2 kiaušiniai, sumušti

Duoną sudėkite į didelį dubenį, užpilkite sultiniu ir palikite mirkti 1 valandą. Patikrinkite austres ir pašalinkite visus lukšto fragmentus.

Įkaitinkite orkaitę iki 350°. Keptuvėje ištirpinkite sviestą ir pakepinkite svogūnus bei salierus iki skaidrumo. Sudėkite česnaką ir dar minutę pakepinkite. Į duoną sudėkite daržoves kartu su petražolėmis, prieskoniais ir kiaušiniais. Gerai ismaisyti.

Padažą paskleiskite į 11 × 13 colių kepimo indą arba 2 mažesnius ir kepkite, kol viršus taps purus ir auksinės rudos spalvos, maždaug 45 minutes.

42. Austrių puodo pyragas

GAMINA 6 PORCIJAS

INGRIDIENTAI

2 dešimčių didelių arba 3 dešimčių mažų susmulkintų austrių su jų gėrimu

1 puodelis pjaustytų šviežių grybų

1 valgomasis šaukštas sviesto

4 šaukštai augalinio aliejaus

4 šaukštai universalių miltų

6 žali svogūnai, susmulkinti, atskirtos baltos ir žalios dalys

1/2 žaliosios paprikos, susmulkintos

1 saliero stiebas, susmulkintas

2 didelės česnako skiltelės, susmulkintos

1/4 puodelio andouille dešros arba rūkyto kumpio, supjaustyto 1/4 colio gabalėliais

1 arbatinis šaukštelis kreolų prieskonių

1 arbatinis šaukštelis Worcestershire padažo

2 šlakeliai Tabasco padažo

2 šaukštai kapotų plokščialapių petražolių

Druska ir šviežiai malti juodieji pipirai pagal skonį

2 pyragaičiai, naminiai arba parduotuvėje pirkti, šaldytuve

1 kiaušinio baltymas, išplaktas

Nukoškite austres ir supilkite alkoholį į didelį matavimo puodelį; įpilkite tiek vandens, kad pagamintumėte 1 puodelį. Patikrinkite, ar austrėse nėra lukštų fragmentų, ir atidėkite.

Nedidelėje keptuvėje įkaitinkite sviestą ir pakepinkite grybus, kol suminkštės. Atidėti.

Didelėje keptuvėje arba vidutiniame puode ant stiprios ugnies įkaitinkite aliejų; suberkite miltus ir nuolat maišykite, kol roux pradės ruduoti. Sumažinkite ugnį iki vidutinės ir virkite nuolat maišydami, kol roux bus pieniško šokolado spalvos. Sudėkite svogūnus, baltąsias žaliųjų svogūnų dalis, papriką ir salierą ir kepkite, kol suvys. Sudėkite česnaką ir dar minutę pakepkite. Įpilkite austrių gėrimo, dešros arba kumpio, kreolų prieskonių, Vusterio padažo ir Tabasco padažo. Uždenkite, sumažinkite ugnį iki ugnies ir virkite 15 minučių.

Padidinkite ugnį iki vidutinės ir sudėkite grybus bei austres. Kepkite, kol austrės susitrauks, maždaug 4 minutes. Išjunkite ugnį ir įmaišykite žaliųjų svogūnų viršūnes ir petražoles. Pagardinkite druska ir pipirais. Saunus.

Įkaitinkite orkaitę iki 350°. Į pyrago lėkštę įdėkite vieną iš plutų. Įpilkite austrių mišinio ir uždenkite viršutine pluta, užspauskite kraštus. Viršutinėje plutoje įpjaukite keletą plyšių, kad išsiskirtų garai, ir aptepkite plutą kiaušinio plakiniu. Kepkite 45 minutes arba kol tešla paruduos.

43. Austrė Rokfeleris Gumbo

GAMINA 6 PORCIJAS

INGRIDIENTAI

1 litras susmulkintų austrių su alkoholiniu gėrimu arba 3 dešimtys austrių su 3-5 puodeliais alkoholio

1 lazdelė sviesto

1/2 puodelio universalių miltų

1 krūva žalių svogūnų, susmulkintų

1/2 puodelio susmulkintos žaliosios paprikos

1/2 puodelio kapotų salierų

1 arbatinis šaukštelis malto česnako

1 (10 uncijų) dėžutė šaldytų kapotų špinatų, atšildytų

1/4 puodelio susmulkinto šviežio saldaus baziliko

5 puodeliai austrių likerio ir (arba) jūros gėrybių sultinio

2 šaukštai Herbsaint arba Pernod

1/2 arbatinio šaukštelio kreolų prieskonių

Tabasco padažas, pagal skonį

2 arbatiniai šaukšteliai Worcestershire padažo

Baltieji pipirai, pagal skonį

1/2 puodelio kapotų plokščialapių petražolių

1 puodelis pusantro

Druska, pagal skonį

Austres nukoškite, palikdami alkoholį. Patikrinkite austres ir išmeskite visus lukštus. Atidėti.

Dideliame, sunkiame puode ištirpinkite sviestą. Suberkite miltus ir nuolat maišykite ant vidutinės ugnies, kad susidarytų blondinė roux. Sudėkite svogūnus, papriką ir salierą ir pakepinkite iki skaidrumo. Sudėkite česnaką, špinatus ir baziliką ir dar minutę patroškinkite. Palaipsniui įpilkite austrių sultinio ir (arba) jūros gėrybių sultinio ir maišykite, kol gerai susimaišys. Įpilkite Herbsaint arba Pernod, kreolų prieskonių, Tabasco padažo ir Worcestershire padažo ir pagardinkite pipirais. Uždenkite, sumažinkite ugnį iki minimumo ir troškinkite 15 minučių.

Paragaukite ir sureguliuokite prieskonius. Šiuo metu, jei reikia, įpilkite druskos, atsižvelgiant į tai, kiek sūrios austrės. Suberkite petražoles, pusę su puse ir austrių ir troškinkite, kol austrės susisuks, minutę ar 2. Patiekite su daug karštos prancūziškos duonos.

44. Ešerių rūmų sultinys

GAMINA 4–6 PORCIJAS

INGRIDIENTAI

1 (nuo 3 iki 4 svarų) kieta, balta mėsa žuvis, pvz., ešeriai arba raudonieji snapeliai

3 šaukštai aukščiausios kokybės pirmojo spaudimo alyvuogių aliejaus

1 vidutinio dydžio svogūnas, supjaustytas

3 žali svogūnai, supjaustyti

1/2 žaliosios paprikos, susmulkintos

1 saliero stiebas, susmulkintas

3 česnako skiltelės, susmulkintos

1 didelis pomidoras, supjaustytas

1 (15 uncijų) skardinė pomidorų padažo

1 citrinos sultys

1 valgomasis šaukštas Worcestershire padažo

1/4 puodelio raudonojo vyno

1/2 arbatinio šaukštelio džiovintų čiobrelių arba 2 arbatinius šaukštelius susmulkintų šviežių

1/2 arbatinio šaukštelio džiovinto baziliko arba 2 arbatinius šaukštelius susmulkinto šviežio

1/2 arbatinio šaukštelio kajeno pipirų

1 arbatinis šaukštelis cukraus

Druska ir šviežiai malti juodieji pipirai pagal skonį

2 šaukštai kapotų plokščialapių petražolių

Įkaitinkite orkaitę iki 350°. Pašalinkite ant žuvies likusias apnašas ir gerai nuplaukite. Išdžiovinkite ir sudėkite į didelę kepimo formą su 2 colių kraštais. Šaldykite, kol padažas bus paruoštas.

Įkaitinkite aliejų vidutinio sunkumo puode ir pakepinkite svogūnus, papriką, salierą ir česnaką iki skaidrumo. Įpilkite pomidorų, pomidorų padažo, citrinos sulčių, Vusterio padažo, vyno, čiobrelių, baziliko, kajeno pipirų ir cukraus bei pagardinkite druska ir pipirais. Užvirkite, sumažinkite ugnį iki minimumo ir troškinkite uždengę 30 minučių.

Suberkite petražoles, paragaukite ir sureguliuokite prieskonius.

Dalį padažo ištepkite kepimo skardos dugne. Visą žuvį pabarstykite druska, pipirais ir sudėkite į keptuvę. Uždenkite žuvį padažu, šiek tiek įdėkite į kūno ertmę. Kepkite neuždengę 30 minučių arba tol, kol žuvis iškeps ties centru (naudojant peilį storiausios žuvies vietos minkštimas lengvai atsitrauks nuo kaulo). Uždenkite folija ir laikykite šiltai iki patiekimo.

45. Raudonos pupelės ir ryžiai

GAMINA 8-10 PORCIJŲ

INGRIDIENTAI

1 svaras džiovintų pupelių

2 šaukštai augalinio aliejaus

1 didelis svogūnas, susmulkintas

1 ryšelis žalių svogūnų, susmulkintų, atskirtos baltos ir žalios dalys

1 žalia paprika, susmulkinta

2 salierų stiebeliai, susmulkinti

4 česnako skiltelės, susmulkintos

6 puodeliai vandens

3 lauro lapai

1/2 arbatinio šaukštelio džiovintų čiobrelių

1 arbatinis šaukštelis kreolų prieskonių

1 kumpio kaulas su šiek tiek kumpio, pageidautina, arba 2 kumpio kulnai arba 1/2 svaro kumpio gabaliukai

Druska ir šviežiai malti juodieji pipirai pagal skonį

1 svaras rūkytos dešros, supjaustytos 1/2 colio storio apskritimais

2 šaukštai susmulkintų plokščialapių petražolių ir dar – patiekimui

Virti ilgagrūdžiai balti ryžiai, patiekimui

Pupeles sudėkite į didelį puodą, užpilkite vandeniu, pamirkykite per naktį ir nusausinkite.

Dideliame, sunkiame puode įkaitinkite aliejų ir pakepinkite svogūnus, baltąsias žaliųjų svogūnų dalis, papriką, salierą ir česnaką.

Didelėje keptuvėje apkepkite dešrą. Atidėti.

Į puodą supilkite pupeles, vandenį, lauro lapus, čiobrelius, kreolų prieskonius, kumpį ir užvirinkite. Sumažinkite ugnį, uždenkite ir troškinkite 2 valandas, retkarčiais pamaišydami, dešrą įdėkite likus 30 minučių iki virimo pabaigos.

Išimkite lauro lapus, įmaišykite petražoles ir patiekite dubenėliuose su ryžiais. Jei norite, dubenėlius pabarstykite dar petražolėmis.

46. Krevetės ir kruopos

GAMINA 6 PORCIJAS

INGRIDIENTAI

3 svarai didelių krevečių (apie 15-20 svarų), nuluptos ir nuluptos

5 šaukštai sviesto, padalinti

8 žali svogūnai, supjaustyti

5 didelės česnako skiltelės, susmulkintos

1 citrinos žievelė ir sultys

1/3 puodelio sauso baltojo vyno

1 valgomasis šaukštas Worcestershire padažo

1 arbatinis šaukštelis itališkų prieskonių

Šviežiai malti juodieji pipirai, pagal skonį

1/2 arbatinio šaukštelio plius 1/4 arbatinio šaukštelio druskos, padalinta

1 arbatinis šaukštelis kreolų prieskonių

2 šaukštai kapotų plokščialapių petražolių

1 puodelis greitų kruopų

4 1/4 stiklinės vandens

1/4 puodelio šviežiai tarkuoto parmezano

Ištirpinkite 4 šaukštus sviesto didelėje, sunkioje keptuvėje ant vidutinės ugnies. Sudėkite svogūnus ir česnakus ir pakepinkite, kol suminkštės. Sudėkite krevetes ir maišydami patroškinkite kelias minutes, kol pasidarys rausvos spalvos. Įpilkite citrinos žievelės ir sulčių, vyno, Vusterio padažo, itališkų prieskonių, pipirų, kreolų prieskonių ir 1/2 šaukštelio druskos ir troškinkite apie 3 minutes. Neperkepkite krevečių. Nukelkite nuo ugnies ir pabarstykite petražolėmis.

Norėdami išvirti kruopas, dideliame puode užvirinkite vandenį ir nuolat maišydami suberkite kruopas. Įpilkite likusios druskos. Uždenkite, sumažinkite ugnį iki minimumo ir troškinkite apie 10 minučių. Nukelkite nuo ugnies ir įmaišykite parmezaną bei likusį sviestą. Patiekite krevetes ant kruopų lėkštėse arba dubenėliuose.

47. Krevečių Rémoulade

GAMINA 6–8 PORCIJAS

INGRIDIENTAI

1/2 puodelio pjaustytų žaliųjų svogūnų

1/2 puodelio kapotų salierų

1/4 puodelio kapotų plokščialapių petražolių

2 česnako skiltelės, susmulkintos

1/2 puodelio šviežių krienų (randama bakalėjos parduotuvių šaldytuve)

1/2 puodelio kečupo

3/4 puodelio kreolinių garstyčių

2 šaukštai Worcestershire padažo

3 šaukštai šviežių citrinų sulčių

1/8 arbatinio šaukštelio kajeno pipirų

Druska, šviežiai malti juodieji pipirai ir Kajeno pipirai pagal skonį

3 svarai didelių nuluptų ir nuluptų krevečių

Susmulkintos salotos, apie 4 stiklines

Dubenyje sumaišykite visus ingredientus, išskyrus krevetes ir salotas, ir gerai išmaišykite. Paragaukite ir sureguliuokite prieskonius.

Keletą valandų prieš patiekiant įdėkite krevetes į didelį dubenį. Palaipsniui įmaišykite padažą, kol konsistencija jums patiks. Vieniems gali patikti visas padažas, o kitiems – mažiau. Patiekite ant susmulkintų salotų.

48. Pipirų želė

GAMINA 8-10 MAŽŲ Stiklainių

INGRIDIENTAI

6-8 dideli jalapeño pipirai, susmulkinti, kad gautumėte 1/2 puodelio

1/3 puodelio maltos žaliosios paprikos

6 1/2 stiklinės cukraus

1 1/2 puodelio raudonojo vyno acto

1 (6 uncijos) butelis Certo arba 2 (3 uncijos) pakuotės

6 lašai raudonų arba žalių maistinių dažų

Iš paprikos pašalinkite stiebus ir sėklas ir labai smulkiai supjaustykite arba apdorokite virtuviniu kombainu. Vidutiniame puode sumaišykite visus ingredientus, išskyrus Certo, ir gerai išmaišykite. Užvirinkite ir virkite 2-3 minutes, dažnai maišydami. Nukelkite nuo ugnies ir įmaišykite Certo. Supilkite į sterilizuotus želė stiklainius ir uždarykite.

Patiekite ant kreminio sūrio, skirto krekeriams užtepti.

49. Įdaryti Mirlitonai

GAMINA 6–8 PORCIJAS (1–2 MIRLITONŲ PUSTELĖS VIENOJI PORGAVIMAS)

INGRIDIENTAI

6 militonai

7 šaukštai sviesto, padalinti

1 vidutinio dydžio svogūnas, supjaustytas

1 ryšelis (6–8) žaliųjų svogūnų, susmulkintų, atskirtos baltos ir žalios dalys

2 salierų stiebeliai, susmulkinti

4 česnako skiltelės, susmulkintos

1 arbatinis šaukštelis itališkų prieskonių

1 arbatinis šaukštelis Tabasco padažo

1 valgomasis šaukštas šviežių citrinų sulčių

Druska ir šviežiai malti juodieji pipirai pagal skonį

2 svarai vidutinių krevečių, nuluptų ir nuluptų, arba 1 svaras nuluptų šaldytų krevečių, atšildytų

1 svaras gabalėlių krabų mėsos

1 1/4 puodelio itališkų duonos trupinių, padalinta

Dideliame puode virkite mirlitonus, kol suminkštės šakute, maždaug 1 valandą. Nusausinkite ir atvėsinkite.

Tuo tarpu didelėje keptuvėje ištirpinkite 4 šaukštus sviesto. Sudėkite svogūną, baltąsias žaliųjų svogūnų dalis ir salierą ir pakepinkite iki skaidrumo. Sudėkite česnaką ir dar minutę pakepinkite. Suberkite prieskonius, citrinos sultis ir nukelkite nuo ugnies.

Mirlitonus perpjaukite per pusę išilgai ir išimkite sėklas. Išskobkite minkštimą, palikdami maždaug 1/4 colio storio lukštą. Į keptuvę įpilkite mirlitono minkštimo ir troškinkite apie 5 minutes. Įmaišykite krevetes ir žaliųjų svogūnų viršūnes ir kepkite maišydami, kol krevetės taps rausvos spalvos. Sumaišykite 1/2 puodelio itališkų duonos trupinių ir krabų mėsą, švelniai išmaišykite, kad krabų mėsa liktų gabaliukais.

Riebalais išteptą kepimo skardą išklokite mirlitono lukštais. Lukštus įdarykite jūros gėrybių mišiniu ir kiekvieną pabarstykite po 1 valgomąjį šaukštą likusių duonos trupinių. Likusį sviestą supjaustykite mažais gabalėliais ir pabarstykite mirlitonų viršūnes.

Kepkite, kol viršus paruduos, apie 30 minučių. Arba paskutines kepimo minutes paskrudinkite po broileriu. Patiekite iš karto.

50. Vėžlys Gumbo

GAMINA 6 PORCIJAS KAIP UŽKARTAIS, 12 PORCIJŲ KAIP UŽKARTAS

INGRIDIENTAI

2 svarai vėžlio mėsos be kaulų, supjaustyta 1 colio gabalėliais

Druska ir šviežiai malti juodieji pipirai pagal skonį

10 šaukštų sviesto, padalinta

5 puodeliai vandens

2 vidutiniai svogūnai

2 žalios paprikos

3 salierų stiebeliai

6 didelės česnako skiltelės

1/2 puodelio universalių miltų

1 1/2 stiklinės pomidorų padažo

1 arbatinis šaukštelis kreolų prieskonių

1/2 arbatinio šaukštelio džiovintų čiobrelių

1/2 arbatinio šaukštelio itališkų prieskonių

3 lauro lapai

1/2 arbatinio šaukštelio druskos

1/2 arbatinio šaukštelio šviežiai maltų juodųjų pipirų

2 šaukštai Worcestershire padažo

1/2 arbatinio šaukštelio Tabasco padažo

1 citrinos sultys

1/2 puodelio geros kokybės šerio ir papildomai patiekimui

4 puodeliai kapotų špinatų

3 šaukštai susmulkintų plokščialapių petražolių

4 kietai virti kiaušiniai, susmulkinti

Mėsą lengvai pabarstykite druska ir pipirais.

Įkaitinkite 2 šaukštus sviesto dideliame, sunkiame puode ir dalimis apkepkite mėsą iš visų pusių, vieną partiją iškeldami į lėkštę, kad apskrustų kita.

Visą mėsą grąžinkite į puodą, užpilkite vandeniu ir užvirkite. Sumažinkite ugnį iki minimumo, uždenkite ir troškinkite apie 1 valandą arba kol mėsa suminkštės. Išimkite mėsą į lėkštę, nukoškite ir rezervuokite sultinį.

Kai mėsa pakankamai atvės, kad ją būtų galima apdoroti, susmulkinkite pirštais ir supjaustykite smulkiais kubeliais. Galbūt norėsite tai padaryti virtuvės kombainu. Atidėti.

Virtuviniu kombainu smulkiai supjaustykite svogūną, papriką, salierą ir česnaką. Atidėti.

Išskalaukite ir išdžiovinkite tą patį puodą, kurį naudojote ruošdami vėžlio mėsą. Puode ant silpnos ugnies ištirpinkite likusį sviestą; suberkite miltus ir virkite, nuolat maišydami, kad pasidarytų pieno šokolado spalvos ruksas, apie 10 minučių. Sudėkite pjaustytas daržoves ir kepkite, kol labai suvys. Įpilkite pomidorų padažo ir virkite apie 5 minutes. Įpilkite sultinio, kreolų prieskonių, čiobrelių, itališkų prieskonių, lauro lapų, druskos, pipirų, Vusterio padažo, Tabasco padažo ir citrinos sulčių. Virkite uždengę ant vidutinės-mažos ugnies 30 minučių.

Sudėkite šerį, špinatus ir petražoles ir virkite dar 10 minučių. Išimkite lauro lapus ir įmaišykite kiaušinius.

Patiekite dubenėliuose ir patepkite papildomai šerio.

51. Ryžiai ir pupelės su keptais kiaušiniais

Porcijos: 4

INGRIDIENTAI

3/4 puodelio ilgagrūdžių baltųjų ryžių

Košerinė druska

2 šaukštai rapsų aliejaus

1 mažas geltonas svogūnas, supjaustytas mažais kubeliais

1/2 vidutinės raudonosios paprikos, išskobtos ir supjaustytos kubeliais

2 didelės česnako skiltelės, susmulkintos

1/2 arbatinio šaukštelio maltų kmynų

1/4 puodelio konservuotų pomidorų padažo

15 uncijų skardinė pinto pupelių, nusausinta ir nuplaunama

3 šaukštai Salsa Lizano

Šviežiai malti juodieji pipirai

8 dideli kiaušiniai

2 šaukštai susmulkintos šviežios kalendros

KRYPTYS

Į 3 litrų puodą sudėkite ryžius, didelį žiupsnelį druskos ir 1-1/2 puodelio vandens. Užvirinkite ant vidutinės-stiprios ugnies, sumažinkite ugnį iki mažos, uždenkite ir virkite, kol ryžiai sugers vandenį ir suminkštės apie 15 minučių. Nukelkite nuo ugnies ir atidėkite uždengę dangtį.

Tuo tarpu 4 litrų puode ant vidutinės ugnies įkaitinkite 1 valgomąjį šaukštą aliejaus. Įdėkite svogūną, papriką, česnaką ir žiupsnelį druskos; virkite, retkarčiais pamaišydami, kol suminkštės, apie 3 minutes. Suberkite kmynus ir kepkite iki kvapo, apie 30 sekundžių. Įpilkite pomidorų padažo ir maišykite 1 minutę.

Sudėkite pupeles ir 1 puodelį vandens ir troškinkite, kol skystis sumažės iki pupelių lygio, maždaug 4 minutes.

Į pupeles suberkite ryžius ir gerai išmaišykite. Įmaišykite Salsa Lizano ir pagal skonį pagardinkite druska ir pipirais. Laikyti šiltai.

Likusį 1 šaukštą aliejaus įkaitinkite 12 colių nepridegančioje keptuvėje ant vidutinės ugnies, sukdami keptuvę, kad tolygiai pasidengtų. Švelniai įmuškite kiaušinius į keptuvę. Pagardinkite druska ir pipirais, uždenkite ir virkite, kol trynių kraštai ką tik pradės stingti, 2-3 minutes. Menteles krašteliu atskirkite kiaušinius.

Norėdami patiekti, į lėkštę įdėkite kupiną šaukštą ryžių ir pupelių ir ant viršaus įmuškite 2 kiaušinius. Pabarstykite kalendra.

Patiekite su Jícama, avokadu, ridikėlių ir apelsinų salotomis su kalendra arba paprastomis žaliomis salotomis.

52. „Huevos Rancheros" pusryčių troškinys

Porcijos: 8

Premonto laikas: 25 minutės

Virimo laikas: 1 valanda

INGRIDIENTAI

1 pakuotė pinto pupelių ir ilgagrūdžių ryžių mišinio

2 šaukštai nesūdyto sviesto

2 šaukštai augalinio ar rapsų aliejaus arba pagal poreikį

12 kukurūzų tortilijų

15 uncijų skardinė Enchilada padažo

½ arbatinio šaukštelio maltų kmynų

½ arbatinio šaukštelio česnako miltelių

½ arbatinio šaukštelio čili miltelių

2 puodeliai susmulkinto čederio arba meksikietiško mišinio sūrio

8 dideli kiaušiniai

Košerinė druska ir šviežiai malti pipirai pagal skonį

Tarnauti:

1 puodelis salsos

1 avokadas, plonais griežinėliais

½ stiklinės grietinės

4 laiškiniai svogūnai, nupjauti ir supjaustyti

½ puodelio kalendros lapelių

KRYPTYS

Įkaitinkite orkaitę iki 425 ° F. 13 x 9 colių kepimo indą ištepkite riebalais arba apipurkškite nepridegančiu kepimo purškalu. Sudėkite pupeles ir ryžių mišinį į vidutinio dydžio puodą su 2½ puodelio vandens ir sviesto.

Užvirinkite ant vidutinės-stiprios ugnies, tada šiek tiek sumažinkite ugnį, uždenkite ir troškinkite apie 20–25 minutes, kol ryžiai suminkštės, retkarčiais pamaišykite. Nukelkite nuo ugnies ir palikite pastovėti 5 minutes. Šakute nuimkite dangtelį ir puruskite ir atidėkite.

Kol verda ryžiai ir pupelės, paruoškite tortilijas. Padėkite popierinius rankšluosčius ant darbinio paviršiaus. Keptuvėje ant vidutinės ugnies įkaitinkite 1 arbatinį šaukštelį aliejaus ir kepkite tortilijas po vieną, maždaug 1–2 minutes iš kiekvienos pusės arba kol taps traškios ir apskrus.

Kai jie iškeps, perkelkite juos ant popierinių rankšluosčių. Įpilkite daugiau aliejaus, po 1 arbatinį šaukštelį, kol visos tortilijos iškeps.

Enchilada padažą sumaišykite su kmynais, česnako milteliais ir čili milteliais. Pusę tortilijų sluoksniais sudėkite į paruoštos keptuvės dugną, perdengdami jas, kad padengtumėte keptuvės dugną. Apšlakstykite pusę enchilados padažo, tada pabarstykite pusę sūrio. Ant sūrio užtepkite pupelių ir ryžių mišinį. Pakartokite tortilijų, enchilados padažo ir sūrio sluoksnius.

Naudodami šaukštą ir pirštus, troškintuvo viršuje padarykite 8 tolygiai išdėstytus mažus duobutes, išlauždami skylutes viršutiniame tortilijų sluoksnyje, kad kiaušiniams užtektų vietos įsmigti į įdubas. Naudokite šaukštą ir pirštus, kad sukurtumėte šiuos šulinėlius, kad jie būtų maždaug 1 colio gylio. Kiaušinius atsargiai įmuškite į duobutes, pagardinkite druska ir pipirais.

Kepkite, kol kiaušinių baltymai sustings, bet tryniai vis dar bus birūs ir skysti, apie 25 minutes.

Patiekite kiaušinius su salsa, avokadu, grietine, laiškiniais svogūnais ir kalendros lapeliais. Viską galite padalyti ant iškepto troškinio viršaus arba išdėlioti atskiras porcijas ir leisti kiekvienam užpilti savo lėkštę taip, kaip nori.

53. Mango ir pupelių pusryčių burrito dubuo

Paruošimo laikas: 15 minučių

Virimo laikas: 45 minutės

Porcijos: 4

INGRIDIENTAI

1 partija ilgagrūdžių žalių ryžių, virtų

15 uncijų skardinė pinto pupelių, nuplaunama ir nusausinta

2 prinokę mangai, supjaustyti kubeliais

1 avokadas, kubeliais arba griežinėliais

1 raudona paprika, supjaustyta kubeliais

1 puodelis kukurūzų, kepti ant grotelių, žali arba troškinti

½ puodelio kubeliais pjaustytos kalendros

¼ puodelio supjaustyto raudonojo svogūno

1 jalapeño, supjaustytas

Tvarsčiai:

Jalapeño kalendros mangas

Cilantro laimas

Jalapeño anakardžių padažas

KRYPTYS

Baigę padalykite ryžius į keturis dubenėlius, tada tolygiai tarp dubenėlių padalinkite pupeles, mangus, avokadą, raudonąją papriką, kukurūzus, kalendrą, raudonąjį svogūną ir jalapeno griežinėlius.

Patiekite su laimo griežinėliais.

54. Slow Cooker įdaryti bulgarų pipirai

Bendras laikas: 60 minučių

Porcijos: 4

INGRIDIENTAI

2 arbatinius šaukštelius avokadų aliejaus

1 saldus svogūnas, supjaustytas kubeliais

2 salierai, supjaustyti

4 skiltelės česnako, susmulkintos

1 valgomasis šaukštas čili miltelių

2 arbatiniai šaukšteliai kmynų

1 1/2 arbatinio šaukštelio džiovinto raudonėlio

2 puodeliai ilgagrūdžių baltųjų ryžių, virti ir atvėsinti

1 puodelis šaldytų kukurūzų branduolių

1 pomidoras, supjaustytas kubeliais

1 skardinė pinto pupelių, nuplaunama ir nusausinta

1 chipotle pipiras adobo

druskos

5 paprikos

1 skardinė enchilados padažo

pipirinis sūris, susmulkintas

KRYPTYS

Didelėje keptuvėje ant vidutinės-stiprios ugnies įkaitinkite aliejų. Sudėkite svogūną ir salierą ir kepkite, dažnai maišydami, apie 5 minutes. Įdėkite česnaką ir kepkite apie 30 sekundžių ir nukelkite nuo ugnies.

Suberkite prieskonius ir gerai išmaišykite. Į didelį dubenį sudėkite ryžius, pupeles, kukurūzus, pomidorus, čipo pipirus, 1/4 puodelio Enchilada padažo ir svogūnų mišinio. Gerai išmaišykite ir pagardinkite druska bei pipirais.

Nupjaukite paprikų viršūnes ir pašalinkite sėklas bei šonkaulius. Užpildykite ryžių mišiniu, lengvai pakuokite. Savo užpildžiau iki pusės, įdėjau nedidelį kiekį sūrio ir baigiau pildyti. Dar nedėkite sūrio ant viršaus. Į lėtą viryklę sudėkite užpildytas paprikas.

Į keptuvę įpilkite maždaug 1/2 colio vandens, atsargiai, kad vanduo nepatektų į pipirus. Virkite ant silpnos ugnies apie 4 valandas. Maždaug 15 minučių prieš baigiant kiekvieną pipirą įdėkite sūrio sluoksnį ir leiskite virti.

Patiekite paprikas su likusiu enchilados padažu ir papildomu sūriu, jei norite. Mėgautis!

55. Mišrus Bean ir Rice Dip

Porcijos: nuo 10 iki 12

INGRIDIENTAI

Dėl panardinimo:

15 uncijų skardinė pinto pupelių, nuplaunama ir nusausinta

15 uncijų skardinė juodųjų pupelių, nuplaunama ir nusausinta

15 uncijų skardinė juodųjų pupelių, nuplaunama ir nusausinta

1 puodelis virtų baltųjų ryžių

1 puodelis pjaustytų pomidorų

1/2 puodelio kubeliais supjaustyto svogūno

3 puodeliai tarkuoto Cheddar-Monterey Jack mišinio

2 šaukštai smulkiai pjaustytų marinuotų jalapeno

1/2 arbatinio šaukštelio maltų kmynų

1/2 arbatinio šaukštelio česnako miltelių

1/8 arbatinio šaukštelio kajeno pipirų

Košerinė druska ir šviežiai malti pipirai

Patiekimui:

Tortilijos traškučiai

Grietinė

Salsa

KRYPTYS

Įkaitinkite orkaitę iki 400°.

Dideliame dubenyje sumaišykite pupeles, ryžius, pomidorą, svogūną, 2 puodelius sūrio, jalapeño ir prieskonius. Gausiai pagardinkite košerine druska ir pipirais.

Supilkite į riebalais išteptą 10 colių ketaus keptuvę arba apvalią kepimo formą. Uždenkite aliuminio folija ir kepkite 30 minučių.

Išimkite iš orkaitės ir nuimkite aliuminio foliją. Ant viršaus pabarstykite likusį 1 puodelį sūrio ir toliau kepkite, kol sūris išsilydys, dar apie 5-10 minučių.

Patiekite šiltą su tortilijos traškučiais, grietine ir salsa.

56. Pinto pupelės ir ryžių rutuliukai

Porcijos: 30

INGRIDIENTAI

1 skardinė pinto pupelių nuplautų ir nusausintų

1 puodelis virtų ilgagrūdžių baltųjų ryžių

1 kiaušinis

1/4 arbatinio šaukštelio košerinės druskos daugiau pagal skonį

1/4 arbatinio šaukštelio kmynų

žiupsnelis kajeno daugiau pagal skonį

1-2 šaukštai alyvuogių aliejaus

Smoky Chipotle panirimo padažas

KRYPTYS

Išplautas pupeles sudėkite į didelį maišymo dubenį. Sutrinkite bulvių trintuvu, kol susidarys pasta. Sudėkite ryžius, kmynus ir kajeną. Išmaišykite, kad susimaišytų ir paragaukite.

Įmuškite kiaušinį ir dirbkite rankomis arba dideliu šaukštu, kad gerai susimaišytų.

Mažu kaušeliu ar šaukštu suformuokite rutuliukus ir pirštų galiukais švelniai apvalykite. Suformuokite visus rutuliukus ir padėkite ant didelės lėkštės arba pjaustymo lentos. Didelėje keptuvėje ant vidutinės-stiprios ugnies įkaitinkite apie šaukštą aliejaus. Kepkite rutuliukus keptuvėje, kol jie iš abiejų pusių lengvai apskrus. Tai užtruko po porą minučių iš kiekvienos pusės, apverčiant jas 2-3 kartus.

Jei nesate susipažinę su patiekalų gaminimu partijomis, čia yra patarimas.

Pradėkite dėti ryžių rutuliukus į keptuvę, prie išorinio krašto, šalia rankenos. Apeikite keptuvę pagal laikrodžio rodyklę ir užpildykite vidurį.

Kai rutuliukai apskrus, išimkite juos iš keptuvės ir padėkite ant švarios lėkštės. Palapinė laisvai su folija, kad būtų šilta. Iškepkite likusią pusę rutuliukų ir patiekite šiltą. Mėgautis!

57. Keptos pupelės, ryžiai ir dešros rutuliukai

INGRIDIENTAI:

1 puodelis virtų ilgagrūdžių ryžių

1 puodelis pinto pupelių, virtų iki kreminės masės

4 plonais griežinėliais supjaustyti žalieji svogūnai

4 valgomieji šaukštai smulkiai pjaustytos dešros

Iš viso 1 puodelis plius 2 šaukštai džiovintų džiūvėsėlių

2 arbatiniai šaukšteliai karšto padažo – jūsų pasirinkimas

Iš viso 2 kiaušiniai

1 puodelis universalių miltų

1/2 stiklinės pieno

aliejaus giliai kepti

Kreolų padažas:

1 dalis majonezo

1 dalis kreolinių garstyčių

KRYPTYS:

Sumaišykite ryžius, pupeles, svogūnus, dešrą ir 2 šaukštus džiūvėsėlių. Apšlakstykite karštu padažu, tada įmaišykite vieną kiaušinį, kad susidarytų tanki tešla.

Išplakite pieną ir likusį kiaušinį, kad išplautumėte kiaušinį.

Iš pupelių, ryžių ir dešros mišinio suformuokite mažus rutuliukus. Apvoliokite miltuose, tada aptepkite kiaušinio plakiniu ir apvoliokite likusiuose džiūvėsėliuose.

Įkaitinkite aliejų iki 360 laipsnių F ir kepkite iki auksinės rudos spalvos. Nusausinkite ant popierinių rankšluosčių ir nedelsdami patiekite su kreolų padažu arba mėgstamu padažu.

Kreolų padažas: sumaišykite vienos dalies majonezą su viena dalimi kreolinių garstyčių ir patiekite su pupelėmis ir ryžių rutuliais.

58. Ilgagrūdžiai ryžiai ir pinto pupelės

Premonto laikas: 30 minučių

Virimo laikas: nuo 10 iki 30 minučių

Porcijos: 4

INGRIDIENTAI

50 ml / 2fl oz. daržovių aliejus

1 svogūnas, smulkiai pjaustytas

300 ml / 10½ uncijos. ilgagrūdžiai ryžiai

400 ml / 14½ uncijos. vandens

400 ml / 14½ uncijos. kokoso pienas

400 g / 14 ¼ uncijos Pinto pupelės, nuplautos ir nusausintos

3 šaukštai šviežių čiobrelių

druskos ir šviežiai maltų juodųjų pipirų

šviežios kalendros, papuošti

KRYPTYS

Keptuvėje įkaitinkite aliejų ir pakepinkite svogūną iki skaidrumo.

Suberkite ryžius, gerai išmaišykite ir supilkite vandenį bei kokosų pieną. Užvirinkite.

Suberkite pinto pupeles ir čiobrelius, troškinkite ir uždenkite maždaug 20 minučių, kol ryžiai išvirs. Pagardinkite druska ir šviežiai maltais juodaisiais pipirais.

Patiekite papuošę kalendra.

59. Lime vištiena su kiaušinyje keptais ilgagrūdžiais ryžiais

Premonto laikas: 30 minučių

Virimo laikas: nuo 10 iki 30 minučių

Porcijos: 2

INGRIDIENTAI

Dėl Viščiuko

2 vištienos krūtinėlės be odos

2 šaukštai sezamo aliejaus

2 arbatinius šaukštelius augalinio aliejaus

2 šaukštai sojos padažo

2 česnako skiltelės, smulkiai pjaustytos

½ citrinos, nutarkuota žievelė ir sultys

druskos ir šviežiai maltų juodųjų pipirų

1 valgomasis šaukštas skaidraus medaus

Dėl Ryžių

2 šaukštai žemės riešutų aliejaus

2-3 arbatiniai šaukšteliai sezamo aliejaus

2 laisvai laikomi kiaušiniai, lengvai sumušti

apšlakstyti sojų padažu

2 svogūnai, smulkiai pjaustyti

50g / 2oz Pinto pupelių, virtų

150g/5oz ilgagrūdžiai ryžiai, virti

druskos ir šviežiai maltų juodųjų pipirų

3-4 šaukštai kapotos kalendros

laimo pleištai, patiekti

KRYPTYS

Norėdami susmulkinti, vištienos krūtinėlės padėkite ant lentos ir aštriu peiliu padarykite pjūvį lygiagrečiai pjaustymo lentai tris ketvirtadalius kiekvienos krūtinėlės.

Atidarykite kiekvieną vištienos krūtinėlę, kad gautumėte dvi dideles, plonesnes vištienos krūtinėles.

Įdėkite juos į dubenį su vienu šaukštu sezamo aliejaus, augaliniu aliejumi, sojos padažu, česnaku, citrinos žievele ir sultimis.

Pagardinkite druska ir šviežiai maltais juodaisiais pipirais ir išmaišykite. Atskirame dubenyje sumaišykite medų su likusiu sezamų aliejumi.

Įkaitinkite keptuvę ant vidutinės-stiprios ugnies iki rūkymo, tada padėkite vištieną ant grotelių ir kepkite 2-3 minutes iš kiekvienos pusės, vieną ar du kartus aptepdami medaus ir sezamo mišiniu.

Kai tai bus padaryta, vištienos išorė turi būti iškepta ant grotelių ir visiškai iškepta. Palikite pailsėti 2-3 minutes.

Tuo tarpu ryžiams įkaitinkite wok keptuvę ant stiprios ugnies, tada įdėkite žemės riešutų ir vieną arbatinį šaukštelį sezamo aliejaus. Kai aliejus pradės mirksėti, įmuškite kiaušinius ir virkite, nuolat maišydami, 1-2 minutes arba tol, kol jie išplaks.

Kiaušinius įmuškite į keptuvės šoną, įpilkite dar šiek tiek sezamų aliejaus, sojų padažo, svogūnų ir pinto pupelių ir kepkite vieną minutę, tada suberkite ryžius ir pagardinkite druska bei šviežiai maltais juodaisiais pipirais.

Virkite nuolat maišydami 3-4 minutes arba kol sušils. Išmaišykite per kalendrą.

Norėdami patiekti, šaukštu dėkite ryžius į lėkštes. Vištieną supjaustykite įstrižai plonomis juostelėmis ir padėkite ant ryžių. Ant viršaus uždėkite laimo skiltele.

60. Ilgagrūdžiai ryžiai Hoppin' John

Premonto laikas: 30 minučių

Virimo laikas: nuo 30 minučių iki 1 valandos

Porcijos: 4

INGRIDIENTAI

2 šaukštai augalinio aliejaus

300 g / 10½ uncijos virtos ir susmulkintos šoninės

1 žalia paprika, smulkiai pjaustyta

1 raudona paprika, smulkiai pjaustyta

1 raudonasis svogūnas, smulkiai pjaustytas

3 salierų lazdelės, smulkiai pjaustytos

4 česnako skiltelės, susmulkintos

1 arbatinis šaukštelis džiovintų čili dribsnių

2 lauro lapai

1 litras/1¾ pintos vištienos arba daržovių sultinio

400 g/14 uncijų skardinės pupelės, nusausintos ir išplautos

225g/8oz ilgagrūdžiai ryžiai

2 šaukštai kreolų arba universalių prieskonių

druskos ir šviežiai maltų juodųjų pipirų

Tarnauti

sauja plokščialapių petražolių lapelių, smulkiai pjaustytų

kekės svogūnų, smulkiai pjaustytų

KRYPTYS

Didelėje keptuvėje ant vidutinės ugnies įkaitinkite aliejų.

Į keptuvę suberkite šoninę ir kepkite, kol apskrus. Išimkite kiaurasamčiu ir nusausinkite ant virtuvinio popieriaus.

Į keptuvę suberkite svogūną, paprikas, salierą, česnaką, čili dribsnius, lauro lapus, kreolų prieskonius, druską, pipirus ir pakepinkite ant mažos arba vidutinės ugnies, kol suminkštės.

Supilkite sultinį ir užvirinkite.

Sudėkite ryžius, pupeles ir šoninę ir gerai išmaišykite. Uždenkite ir troškinkite 20 minučių arba tol, kol ryžiai suminkštės ir susigers didžioji dalis skysčio.

Padalinkite į dubenėlius, pabarstykite petražolėmis ir svogūnais ir patiekite.

61. Meksikos įkvėptos Pinto pupelės ir ryžiai

Paruošimo laikas: 25 minutės

Virimo laikas: 20 minučių

Porcijos: 8

INGRIDIENTAI

1 valgomasis šaukštas vištienos sultinio

3 šaukštai pomidorų pastos

1 arbatinis šaukštelis maltų kalendrų sėklų

1 arbatinis šaukštelis druskos

½ arbatinio šaukštelio česnako miltelių

¼ arbatinio šaukštelio pipirų

3½ stiklinės vandens

2 puodeliai ilgagrūdžių baltųjų ryžių, išskalauti tinkliniu sieteliu

1 raudonoji paprika, išskobta, išskobta ir supjaustyta kubeliais

¼ puodelio smulkiai supjaustyto raudonojo svogūno

1 jalapeño su stiebu, išskobtas ir smulkiai supjaustytas

2 šaukštai smulkiai pjaustytos kalendros

15 uncijų skardinė pinto pupelių, nusausinta ir nuplaunama

KRYPTYS

Į puodą įpilkite vištienos pagrindo, pomidorų pastos, kalendros, druskos, česnako miltelių ir pipirų; šluotele sujungti.

Palaipsniui supilkite vandenį, suberkite ryžius ir maišykite, kad susimaišytų. Padėkite puodą ant vidutinės ugnies ir užvirinkite, retkarčiais pamaišydami.

Sumažinkite ugnį iki vidutinės-žemos, uždenkite. Virkite, kol skystis susigers, retkarčiais pamaišydami, apie 12-15 minučių. Nukelkite nuo ugnies ir palikite uždengtą kelias minutes pastovėti.

Įdėkite ryžius į didelį dubenį ir suberkite papriką, svogūną, jalapeño ir kalendrą; maišykite, kad sujungtumėte.

Švelniai įmaišykite pupeles ir patiekite.

62. Pinto pupelės ir ryžiai su kalendra

Paruošimo laikas: 5 minutės

Virimo laikas: 25 minutės

Porcijos 6

INGRIDIENTAI

Dėl ryžių:

1 puodelis ilgagrūdžių baltųjų ryžių

1 valgomasis šaukštas alyvuogių aliejaus

8 uncijos. skardinė pomidorų padažo

1 raudonoji paprika be šerdies, be sėklų ir supjaustyta ketvirčiais

1 1/2 puodelio vištienos arba daržovių sultinio

3/4 arbatinio šaukštelio košerinės druskos

1 arbatinis šaukštelis česnako miltelių

1/4 arbatinio šaukštelio čili miltelių

1/4 arbatinio šaukštelio kmynų

1/2 puodelio kubeliais pjaustytų pomidorų

2 šaukštai kapotos kalendros papuošimui

Dėl pupelių:

15 uncijų skardinė pinto pupelių nusausinta ir nuplaunama

1/2 puodelio vištienos arba daržovių sultinio

1 valgomasis šaukštas pomidorų pastos

3/4 arbatinio šaukštelio druskos

3/4 arbatinio šaukštelio čili miltelių

1/2 puodelio pico de gallo papuošimui

KRYPTYS

Dėl ryžių:

Įkaitinkite alyvuogių aliejų 2 litrų puode ant vidutinės ugnies. Suberkite ryžius ir maišykite, kol ryžiai pasidengs aliejumi. Virkite apie 5 minutes arba tol, kol ryžiai apskrus ir lengvai apskrus.

Sudėkite visus likusius ingredientus.

Grąžinkite puodą į degiklį ir užvirinkite turinį.

Uždenkite puodą ir sumažinkite ugnį iki minimumo; virkite 17 minučių.

Nuimkite puodą nuo ugnies ir uždengę palikite pastovėti 5 minutes. Išimkite ir išmeskite paprikas. Gerai išmaišykite. Jei norite, papuoškite pomidorais ir žaliais svogūnais.

Dėl pupelių:

Visus ingredientus sudėkite į keptuvę ant vidutinės-stiprios ugnies ir užvirkite. Virkite 7-10 minučių, kol padažas sutirštės. Paragaukite ir, jei reikia, įberkite daugiau druskos arba čili miltelių. Taip pat galite įpilti šiek tiek daugiau vištienos sultinio, jei padažas gausis per tirštas pagal jūsų skonį. Jei norite, papuoškite pico de gallo.

63. Ispaniškos Pinto pupelės ir ryžiai

Paruošimo laikas 10 minučių

Virimo laikas 25 min

Porcijos 2

INGRIDIENTAI

DĖL RYŽIŲ

2 stiklinės daržovių sultinio 475 ml

1 stiklinė ilgagrūdžių ryžių 190 gramų

1/4 arbatinio šaukštelio šafrano siūlų .17 gramų

žiupsnelis jūros druskos

žiupsnelis juodųjų pipirų

PUPELĖMS

2 šaukštai aukščiausios kokybės pirmojo spaudimo alyvuogių aliejaus 30 ml

1 mažas svogūnas

4 skiltelės česnako

1 morka

1 žalioji paprika

1 arbatinis šaukštelis saldžiai rūkytos ispaniškos paprikos 2,30 gramo

1/2 arbatinio šaukštelio maltų kmynų 1,25 g

2 1/2 puodeliai konservuotų pinto pupelių 400 gramų

1 puodelis daržovių sultinio 240 ml

žiupsnelis jūros druskos

žiupsnelis juodųjų pipirų

sauja smulkiai pjaustytų šviežių petražolių

KRYPTYS

Į puodą įpilkite 2 puodelius daržovių sultinio, įberkite 1/4 arbatinio šaukštelio šafrano siūlų, pagardinkite jūros druska ir šviežiai maltais juodaisiais pipirais, pakaitinkite ant stiprios ugnies.

Tuo tarpu į sietelį suberkite 1 puodelį ilgagrūdžių ryžių ir nuplaukite po šaltu tekančiu vandeniu, kol vanduo po sieteliu taps skaidrus.

Kai sultinys užvirs, į keptuvę suberkite ryžius, išmaišykite ir uždėkite keptuvę dangčiu, sumažinkite iki silpnos ir vidutinės ugnies ir virkite, kol ryžiai išvirs.

Tuo tarpu įkaitinkite didelę keptuvę ant vidutinės ugnies ir įpilkite 2 šaukštus aukščiausios kokybės pirmojo spaudimo alyvuogių aliejaus, po 2 minučių įdėkite 1 nedidelį smulkiai pjaustytą svogūną, 1 smulkiai pjaustytą žaliąją papriką, 1 morką ir 4 skilteles česnako stambiai sumaltą, sumaišykite daržoves. nuolat su alyvuogių aliejumi

Po 4 minučių ir daržoves lengvai apkepinus, įberkite 1 arbatinį šaukštelį saldžiai rūkytos ispaniškos paprikos ir 1/2 šaukštelio maltų kmynų, greitai išmaišykite, tada suberkite 2 1/2 puodelio konservuotų pinto pupelių ir švelniai pagardinkite jūros druska ir juodaisiais pipirais. sumaišykite, kol gerai susimaišys, tada įpilkite 1 puodelį daržovių sultinio ir troškinkite ant vidutinės ugnies

Kai ryžiai išvirs, nukelkite ryžius nuo ugnies, leiskite pastovėti 3-4 minutes uždengę dangtį, tada nuimkite dangtį ir šakute supurtykite ryžius ir sudėkite ryžius į serviravimo indus.

Griebkite verdančias pupeles ir suberkite į serviravimo indą šalia ryžių, pabarstykite šviežiai kapotomis petražolėmis ir skanaukite!

64. Vieno puodo ryžiai ir pupelės

Porcijos: 4 porcijos

Bendras laikas: 30 minučių

INGRIDIENTAI

2 šaukštai alyvuogių aliejaus

1 geltonasis svogūnas, susmulkintas

1 ¾ stiklinės vištienos arba daržovių sultinio arba vandens

1 arbatinis šaukštelis druskos

1 puodelis ilgagrūdžių ryžių

15,5 uncijos skardinė pinto pupelių

Laimo skiltelės arba kalendros lapai, papuošti

KRYPTYS

Dideliame puode arba olandiškoje orkaitėje su sandariu dangčiu pašildykite alyvuogių aliejų ant vidutinės ugnies. Sudėkite svogūną ir pakepinkite iki skaidrumo, maždaug 3 minutes. Supilkite sultinį, uždenkite ir užvirinkite.

Įpilkite druskos, ryžių ir pupelių. Išmaišykite, kad susimaišytų, tada uždenkite.

Sumažinkite ugnį iki minimumo, tada leiskite netrukdomai virti 18-20 minučių. Nukelkite nuo ugnies ir palikite pastovėti 4 minutes, tada suplakite šakute.

Pagal skonį pagardinkite druska ir pipirais, tada papuoškite citrina arba kalendra, kaip norite.

65. Pietų Pinto pupelės ir ryžiai

Paruošimo laikas: 5 minutės

Virimo laikas: 4 valandos

Porcijos: 6 puodeliai

INGRIDIENTAI

1 svaras džiovintų pinto pupelių

8 puodeliai vandens arba sultinio

2 šaukštai druskos, nakčiai mirkyti; Valgomoji druska

2 šaukštai svogūnų miltelių arba 1 puodelis šviežio, kubeliais pjaustyto svogūno

2 šaukštai česnako miltelių

2 stiklinės ilgagrūdžių ryžių, virti

1 rūkytas kumpis

druskos ir pipirų pagal skonį

KRYPTYS

Įdėkite pupeles į didelę olandišką orkaitę su svogūnais ir česnako milteliais.

Virkite ant silpnos ugnies, neuždengę 3-4 valandas arba kol suminkštės; dažnai tikrinkite skysčio lygį; pridėkite daugiau, jei reikia; kai suminkštės, paragaukite prieskonių ir atitinkamai pakoreguokite

1 svaras džiovintų pinto pupelių, 8 puodeliai vandens arba sultinio, 2 šaukštai svogūnų miltelių, 2 šaukštai česnako miltelių, 1 rūkytas kumpis

66. Pinto pupelės ir ryžiai bei dešra

Paruošimo laikas: 20 minučių

Virimo laikas: 105 minutės

Porcijos: 6 porcijos

INGRIDIENTAI

1 svaras džiovintų pinto pupelių

6 puodeliai vandens

1 kumpio kulnas arba mėsingas kumpio kaulo likutis

1 vidutinio dydžio svogūnas, supjaustytas

3 skiltelės česnako, susmulkintos

1 1/2 arbatinio šaukštelio druskos

1 svaras Andouille rūkytos dešros arba panašios rūkytos dešros, supjaustytos

14,5 uncijos skardinė pomidorų, supjaustytų kubeliais

4 uncijų skardinė švelnių žalių čili pipirų

1/2 arbatinio šaukštelio raudonųjų pipirų dribsnių, susmulkintų

4 puodeliai virtų baltųjų ryžių, ilgagrūdžių arba greitų kruopų, karštai virtų

KRYPTYS

Išvakarėse suberkite pupeles į didelį dubenį arba puodą ir uždenkite vandeniu maždaug 3 colių gyliu virš pupelių. Leiskite jiems pastovėti 8 valandas arba per naktį. Gerai nusausinkite.

Išmirkytas ir nusausintas pupeles sumaišykite su vandeniu, kumpiu, svogūnu ir česnaku dideliame puode arba olandiškoje orkaitėje ant stiprios ugnies; užvirinkite. Uždenkite ir sumažinkite ugnį iki vidutinės; virkite pupeles 45 minutes arba tol, kol pupelės suminkštės.

Jei norite, įberkite druskos, griežinėliais pjaustytos dešros, pomidorų, švelnių čili pipirų ir susmulkintų raudonųjų pipirų dribsnių. Uždenkite, sumažinkite ugnį iki minimumo ir troškinkite 1 valandą, retkarčiais pamaišydami.

Nuimkite kumpio kulną ir nuimkite mėsą nuo kaulo. Kumpį susmulkinkite šakute arba susmulkinkite. Grąžinkite kumpį į pupelių mišinį.

Patiekite pinto pupeles ant karštų virtų ryžių.

67. Gallopinto (Nikaragvos ryžiai ir pupelės)

Paruošimo laikas: 45 minutės

Bendras laikas: 24 valandos

Porcijos: 8 porcijos

INGRIDIENTAI

Dėl pupelių

1 (16 uncijų) maišelis džiovintų Pinto pupelių

Druska

7 česnako skiltelės, nuluptos

Dėl ryžių

1/4 puodelio augalinio aliejaus, padalintas

1 vidutinio dydžio geltonasis svogūnas, smulkiai pjaustytas

1 1/2 puodelio ilgagrūdžių baltųjų ryžių

3 puodeliai vandens arba mažai natrio turinčio vištienos sultinio

1/2 žaliosios paprikos su šerdimi ir sėklomis

KRYPTYS

Dėl pupelių:

Išskleiskite pupeles ant kepimo skardos su apvadu. Išsirinkite visas šiukšles ir sulaužytas pupeles. Perkelkite pupeles į kiaurasamtį ir nuplaukite po šaltu tekančiu vandeniu. Nuplautas pupeles suberkite į didelį puodą ir užpilkite šaltu vandeniu; leiskite mirkti 30 minučių.

Užvirinkite ant stiprios ugnies. Sumažinkite ugnį iki vidutinės ir troškinkite pupeles 30 minučių. Išjunkite ugnį, uždenkite pupeles ir palikite 1 valandą. Pupeles vėl užvirkite ant stiprios ugnies. Įpilkite 2 arbatinius šaukštelius druskos ir česnako, sumažinkite ugnį iki vidutinės ir troškinkite, kol pupelės suminkštės 30–60 minučių.

Dėl ryžių:

Dideliame storadugniame puode ant vidutinės ugnies įkaitinkite 2 šaukštus aliejaus, kol suminkštės. Įpilkite 2/3 svogūno ir kepkite maišydami, kol suminkštės ir taps skaidrūs, maždaug 5 minutes.

Suberkite ryžius ir virkite maišydami, kol grūdai taps blizgūs ir tolygiai pasidengs aliejumi, 2–3 minutes. Įpilkite vandens arba sultinio ir 1 1/2 arbatinio šaukštelio druskos, padidinkite ugnį iki didelės ir užvirinkite. Ant ryžių uždėkite papriką.

Virkite ryžius nemaišydami, kol išgaruos didžioji dalis skysčio ir pamatysite, kad ryžių paviršiuje sprogsta nedideli burbuliukai. Nedelsdami sumažinkite ugnį iki žemiausio lygio, uždenkite ir virkite 15 minučių.

Išimkite ir išmeskite papriką. Suplakite ryžius lazdelėmis arba šakute, tada leiskite atvėsti ir 1 dieną laikykite šaldytuve.

Dėl šuolio:

Likusius 2 šaukštus aliejaus įkaitinkite dideliame puode ant vidutinės-stiprios ugnies, kol suminkštės. Sudėkite likusį svogūną ir kepkite maišydami, kol suminkštės ir taps skaidrūs, maždaug 5 minutes.

Į keptuvę suberkite ryžius ir 2 puodelius pupelių ir virkite maišydami, kol ryžiai pasidengs tolygiai. Maišydami kepkite toliau, kad skoniai susimaišytų ir mišinys taptų šiek tiek traškus, maždaug 10 minučių. Uždenkite ir virkite ant silpnos ugnies dar 10 minučių.

68. Pupelių padažas ir pomidorai ant ryžių

Porcijos: 6 porcijos

INGRIDIENTAI

1 puodelis pinto pupelių, išmirkytų

2 Serrano čili, išskobti ir susmulkinti

½ šaukšto imbiero, tarkuoto

1 kiekvienas lauro lapas

¼ arbatinio šaukštelio ciberžolės

4 puodeliai Vandens

1⅓ puodelio atsargų

¼ puodelio kalendros

Druska pipirai

2 šaukštai pekano riešutų, pjaustytų ir skrudintų

2 šaukštai alyvuogių aliejaus

4 pomidorai, supjaustyti kubeliais

1 arbatinis šaukštelis čili miltelių

1 valgomasis šaukštas šviežio mairūno

1 arbatinis šaukštelis klevų sirupo

5 puodeliai Vandens

1½ puodelio ilgagrūdžių ryžių

2 morkos, susmulkintos

1 kiekviena 3 colių cinamono lazdelė

½ šaukšto alyvuogių aliejaus

KRYPTYS

Virkite pupeles 1½-2 valandas, kol pupelės suminkštės. Išmeskite lauro lapą ir

PADAŽAS:

Dideliame puode sumaišykite nusausintas pupeles, čili, imbierą, lauro lapą, ciberžolę ir vandenį.

Užvirinkite, sumažinkite ugnį, uždenkite ir virkite.

Sudėkite pupeles, sultinį ir kalendrą į virtuvinį kombainą ir supilkite į stambų padažą. Pagardinkite, suberkite pekano riešutus ir šiek tiek pašildykite.

POMIDORAI:

Keptuvėje sumaišykite pomidorus, čili miltelius, mairūną ir sirupą. Pagardinkite druska ir pipirais ir kepkite ant vidutinės ugnies, kol pomidoras pradės karamelizuotis, maždaug 10 minučių. Šiltai laikykite ant silpnos ugnies.

RYŽIAI:

Užvirinkite vandenį ir įmaišykite ryžius, morkas ir cinamoną. Virkite, kol ryžiai suminkštės, 10-12 minučių, jei naudojate baltuosius ryžius. Nusausinkite ir išmeskite cinamoną ir trumpai nuplaukite po tekančiu vandeniu.

Grįžkite į keptuvę ir apšlakstykite aliejumi.

Kad patiektumėte, šaukštu dėkite ryžius į šiltas lėkštes, užpilkite pupelių padažu ir pabarstykite pomidorais.

69. Cajun pinto pupelės

Porcijos: 8

INGRIDIENTAI

po 1 Mažas pinto pupelių maišelis, nuplautas ir nuskintas

¼ puodelio Miltų

¼ puodelio šoninės riebalų

1 didelis svogūnas, susmulkintas

6 skiltelės česnako, susmulkintos

½ puodelio salierų, supjaustytų

1 kiekvienas lauro lapas

¼ puodelio čili miltelių

2 šaukštai maltų kmynų

1 skardinė pomidorų su čili

Druska pagal skonį

2 svarai kumpio kulno arba druskos kiaulienos

Susmulkinta kalendra

2 puodeliai Ilgagrūdžiai ryžiai, virti

KRYPTYS

Išrinkite pinto pupeles ir nuplaukite. 1 nedidelį maišelį pinto pupelių per naktį pamirkykite šaltame vandenyje ir 1 šaukšte kepimo sodos. Nuplaukite pupeles ir virkite 1 valandą. Pakeiskite vandenį ir vėl įpilkite 1 šaukštą kepimo sodos. Virkite dar valandą ar dvi ir paskutinį kartą pakeiskite vandenį, įpilkite kepimo sodos ir virkite, kol iškeps.

$\frac{1}{4}$ puodelio miltų ir $\frac{1}{4}$ puodelio šoninės riebalų pakepinkite tamsioje keptuvėje.

Įpilkite ir maišykite, kol suminkštės: 1 didelis susmulkintas svogūnas, 5 arba 6 skiltelės susmulkinto česnako, $\frac{1}{2}$ puodelio kapotų salierų, 1 lauro lapas ir kalendra.

Įpilkite čili miltelių, kmynų ir pomidorų su čili ir druska pagal skonį.

Galima virti su kumpiu arba sūdyta kiauliena.

Naudojant šį roux, pintos pupelės suteikia puikų skonį.

Patiekite su ilgagrūdžiais ryžiais.

70. Ryžiai ir pupelės su sūriu

Porcijos: 5

INGRIDIENTAI

1⅓ puodelio vandens

1 puodelis susmulkintų morkų

1 arbatinis šaukštelis greitai paruošiamojo vištienos sultinio

¼ arbatinio šaukštelio druskos

15 uncijų Can Pinto pupelių, nusausintų

8 uncijos paprasto neriebaus jogurto

½ puodelio susmulkinto neriebaus Čedaro sūrio

⅔ puodelio ilgagrūdžių ryžių

½ puodelio pjaustytų žaliųjų svogūnų

½ arbatinio šaukštelio maltos kalendros

1 arbatinis šaukštelis aitriųjų pipirų padažo

1 puodelis neriebaus varškės

1 valgomasis šaukštas pjaustytų šviežių petražolių

KRYPTYS

Dideliame puode sumaišykite vandenį, ryžius, morkas, žaliuosius svogūnus, sultinio granules, kalendrą, druską ir buteliuose išpilstytą aitriųjų paprikų padažą.

Užvirinkite; sumažinti šilumą. Uždenkite ir troškinkite 15 minučių arba kol ryžiai suminkštės ir susigers vanduo.

Įmaišykite pinto arba juodąsias pupeles, varškę, jogurtą ir petražoles.

Supilkite šaukštą į 10x6x2 colių kepimo formą.

Kepkite uždengtą 350 laipsnių F. orkaitėje 20–25 minutes arba kol įkais. Pabarstykite čederio sūriu. Kepkite neuždengę dar 3-5 minutes arba kol sūris išsilydys.

71. Pinto pupelės ir šafraniniai ryžiai

Porcijos: 4

INGRIDIENTAI

Pupelės

3 puodeliai džiovintų pinto pupelių

1/2 lazdelės sviesto

1/3 puodelio taukų

1/2 puodelio sofrito

1 didelis svogūnas supjaustytas

3 litrai vandens

Ryžiai

1-1/2 puodelio ilgagrūdžių ryžių

3 puodeliai vištienos sultinio

1/2 arbatinio šaukštelio šafrano siūlų

1-1/2 arbatinio šaukštelio košerinės druskos

1/2 stiklinės vandens

1 valgomasis šaukštas sviesto

Actas Aitriųjų pipirų padažas

KRYPTYS

Nuplaukite pupeles ir pašalinkite visus pašalinius daiktus, tokius kaip akmenys ir blogosios pupelės.

Svogūnus supjaustykite kubeliais.

Įpilkite svogūnų, pupelių, sofrito, vandens ir sviesto.

Leiskite kaitinti 4 minutes ir suberkite taukus.

Uždenkite ir virkite 15 minučių maišydami, vėl uždenkite ir sumažinkite ugnį per pusę. Virkite, kol pupelės suminkštės, tada įberkite druskos.

Ištirpinkite sviestą ir suberkite ryžius. Gerai išmaišykite ir supilkite šafraną, sultinį ir vandenį.

Ryžius išvirkite retkarčiais pamaišydami, tada, kai skysčiai susigers, uždenkite ir nukelkite nuo ugnies, netrukdykite 20 minučių.

Patiekite su pupelėmis ant ryžių. Įpilkite acto ir aitriųjų pipirų padažo.

72. Taco Prieskoniai ryžiai su pinto pupelėmis

Porcijos: 6 porcijos

INGRIDIENTAI

2 puodeliai Vandens

8 uncijos pomidorų padažo

1 pakelis taco prieskonių mišinio

1 puodelis Kukurūzų

½ puodelio žaliųjų pipirų - kapotų

½ arbatinio šaukštelio raudonėlio

⅛ arbatinio šaukštelio česnako miltelių

1 puodelis ilgagrūdžių ryžių

16 uncijų Pinto pupelių, konservuotų

KRYPTYS

Vidutiniame puode sumaišykite visus ingredientus, išskyrus ryžius ir pupeles.

Mišinį užvirinkite ant vidutinės ugnies. Įmaišykite ryžius ir pupeles.

Kai mišinys vėl užvirs, išmaišykite, sumažinkite ugnį iki vidutinės-žemos, uždenkite ir troškinkite, kol didžioji dalis skysčio išvirs, nuo 45 minučių iki 1 valandos.

Nukelkite nuo ugnies ir uždengę atidėkite 5 minutes.

Gerai ismaisyti.

73. Indijos moliūgų ryžiai ir pupelės

Porcijos: 8

INGRIDIENTAI

1 valgomasis šaukštas rapsų aliejaus

1 vidutinio geltonojo svogūno; susmulkinti

2 skiltelės česnako; malta

2 puodeliai Moliūgų kubeliai

2 arbatiniai šaukšteliai kario miltelių

½ arbatinio šaukštelio juodųjų pipirų

½ arbatinio šaukštelio druskos

¼ arbatinio šaukštelio Maltų gvazdikėlių

1½ puodelio ilgagrūdžių baltųjų ryžių

1 stiklinė stambiai pjaustytų kopūstų arba špinatų

15 uncijų virtų pinto pupelių; nusausinti ir nuplauti

KRYPTYS

Dideliame puode ant vidutinės ugnies įkaitinkite aliejų.

Sudėkite svogūną ir česnaką ir maišydami kepkite 5 minutes, kol svogūnas taps skaidrus. Įmaišykite moliūgą, karį, pipirus, druską ir gvazdikėlius ir virkite dar 1 minutę.

Įpilkite 3 puodelius vandens ir ryžius, uždenkite ir užvirkite. Virkite ant vidutinės-mažos ugnies apie 15 minučių.

Įmaišykite kopūstus ir pupeles ir virkite dar apie 5 minutes.

Suplakite ryžius ir išjunkite ugnį. Prieš patiekdami leiskite pastovėti 10–15 minučių.

74. Meksikos kaubojų pupelės

Porcijos: 6

INGRIDIENTAI

½ svaro Pinto pupelių, džiovintų
1 svogūnas, baltas, didelis
3 skiltelės Česnakas, susmulkintas
2 kalendros šakelės
¼ puodelio daržovių sultinio arba vandens
6 uncijos. Veganiškas chorizo
2 Serrano čili, malti
1 Pomidoras, didelis, supjaustytas kubeliais

KRYPTYS

Per naktį pamirkykite pupeles vandenyje.
Kitą dieną nukoškite ir sudėkite į didelį puodą. Į puodą įpilkite tiek vandens, kad užpildytumėte ¾ vandens.
Svogūną perpjaukite per pusę. Į puodą su pupelėmis įdėkite ½ svogūno, kalendros šakelių ir 3 česnako skilteles. Kitą svogūno pusę pasiliekame.
Užvirinkite vandenį ir leiskite pupelėms virti, kol beveik suminkštės, maždaug pusantros valandos.
Kol pupelės verda, įkaitinkite didelę keptuvę iki vidutinės-stiprios ugnies. Sudėkite chorizo ir troškinkite, kol šiek tiek apskrus apie 4 minutes. Kol chorizo kepa, supjaustykite kitą svogūno pusę.
Išimkite chorizo iš keptuvės ir atidėkite į šalį. Į keptuvę įpilkite ¼ puodelio vandens, kubeliais supjaustytą svogūną ir Serrano pipirus. Svogūnus ir čili paprikas pakepinkite, kol suminkštės ir taps skaidrūs maždaug 4-5 minutes. Įdėkite pomidorą ir leiskite

virti dar 7-8 minutes arba tol, kol pomidoras suirs ir išskirs visas savo sultis.

Įdėkite šį mišinį ir chorizo į puodą su pupelėmis ir leiskite virti dar 20 minučių arba tol, kol pupelės visiškai suminkštės. Pagal skonį pagardinkite druska ir pipirais.

Prieš patiekdami, iš pupelių pašalinkite svogūno pusę, kalendros šakelę ir česnako skilteles. Pagardinkite druska ir pipirais

75. Karibų šventė

INGRIDIENTAI

JURKAS DŽEKFRUITAS

3 skardinės Young Jack Fruit sūryme, nusausintos ir supjaustytos kubeliais
1 valgomasis šaukštas kokosų aliejaus
3 pavasariniai svogūnai, smulkiai pjaustyti
3 skiltelės Česnakas, susmulkintas
1/2 Scotch Bonnet Chili
Nykščio dydžio imbiero gabalėlis, susmulkintas
1 geltonoji paprika, be sėklų ir supjaustyta kubeliais
1 puodelis/200g konservuotų pinto pupelių
1 valgomasis šaukštas visų prieskonių
2 arbatiniai šaukšteliai malto cinamono
3 šaukštai sojos padažo
5 šaukštai pomidorų tyrės
4 šaukštai kokosų cukraus
1 puodelis / 240 ml ananasų sulčių
1 laimo sultys
1 valgomasis šaukštas šviežių čiobrelių lapų
2 arbatiniai šaukšteliai jūros druskos
1 arbatinis šaukštelis maltų juodųjų pipirų

RYŽIAI IR ŽIRNIAI

1 skardinė pupelių, skystas rezervuotas
1 skardinė kokosų pieno
3 šaukštai šviežių čiobrelių

Žiupsnelis jūros druskos ir juodųjų pipirų
1 ir 1/2 puodelio/340 g ilgagrūdžių ryžių, išskalauti
Daržovių sultinys, jei reikia.

KEPTI GYSOLONAI

2 Gysločiai, nulupti ir supjaustyti cm diskeliais
2 šaukštai Vita Coca kokosų aliejaus
2 šaukštai kokosų cukraus
Žiupsnelis druskos ir pipirų

MANGO SALOTOS

1/2 šviežio mango, nulupti ir supjaustyti kubeliais
1 arbatinis šaukštelis šviežių čili, smulkiai pjaustytų
Sauja šviežios kalendros
Pusės žaliosios citrinos sultys
Šviežios mišrios salotos

KRYPTYS

Pirmiausia padėkite didelį troškintuvą arba keptuvę ant vidutinės ugnies. Įpilkite kokosų aliejaus, tada svogūną, česnaką, imbierą, čili ir geltonuosius pipirus. Leiskite mišiniui suminkštėti 3 minutes, tada suberkite prieskonius ir virkite dar 2 minutes. Įberkite žiupsnelį prieskonių.

Į keptuvę sudėkite jackfrutą ir gerai išmaišykite, virkite 3–4 minutes.

Tada suberkite kokosų cukrų ir pupeles. Toliau maišykite, tada supilkite sojos padažą, pomidorų tyrę ir ananasų sultis.

Sumažinkite ugnį ir įpilkite žaliosios citrinos sulčių ir šiek tiek pjaustytų šviežių čiobrelių lapelių.
Uždenkite dangtį ir leiskite jackfruitei virti apie 12-15 minučių.
Ryžiams sudėkite ingredientus į puodą ir uždenkite dangtį.
padėkite keptuvę ant silpnos ugnies ir leiskite ryžiams sugerti visą skystį, kol jie taps šviesūs ir purūs. tai turėtų trukti 10-12 minučių. jei jūsų ryžiai per daug išdžiūvo prieš išvirus, įpilkite vandens arba daržovių sultinio.
toliau – gyslotis. įkaitinkite nepridegančią keptuvę ant vidutinės ugnies ir supilkite kokosų aliejų, kai karšta sudėkite gysločio skilteles ir kepkite iš abiejų pusių 3-4 minutes, kol karamelizuosis ir taps auksinės spalvos. pagardinkite kokosų cukrumi, druska ir pipirais.
Salotoms tiesiog sumaišykite visus ingredientus mažame maišymo dubenyje.
patiekite viską kartu, mėgaukitės.

76. Jamaikietiškas džekfrutas ir pupelės su ryžiais

Paruošimo laikas: 10 minučių

Virimo laikas: 25 minutės

Porcijos: 2

INGRIDIENTAI

1 svogūnas

2 česnako skiltelės

1 čili

2 vynmedžių pomidorai

2 arbatiniai šaukšteliai Jamaikos džemo prieskonių

400 g skardinės pupelių

400 g džekfrutų skardinės

200 ml kokoso pieno

150 g baltų ilgagrūdžių ryžių

50 g kūdikių lapelių špinatų

Jūros druska

Šviežiai malti pipirai

1 valgomasis šaukštas alyvuogių aliejaus

300 ml verdančio vandens

KRYPTYS

Nulupkite ir smulkiai supjaustykite svogūną. Nulupkite ir sutarkuokite česnako skilteles. Supjaustykite čili per pusę, išbraukite sėklas ir plėvelę, kad mažiau įkaistų, ir smulkiai supjaustykite. Smulkiai supjaustykite pomidorus.

Į didelę keptuvę supilkite 1 šaukštą aliejaus ir pakaitinkite ant vidutinės ugnies. Įdėkite svogūnus ir gerą žiupsnelį druskos bei pipirų. Kepkite 4-5 minutes, retkarčiais pamaišydami, kol suminkštės ir šiek tiek pagels. Įmaišykite česnaką, čili ir 2 arbatinius šaukštelius jamaikietiškų prieskonių ir toliau kepkite dar 2 minutes.

Į keptuvę sudėkite pjaustytus pomidorus. Nusausinkite pupeles ir jackfrutą ir sudėkite į keptuvę. Supilkite kokosų pieną. Gerai išmaišykite ir užvirinkite, tada iš dalies uždenkite dangčiu ir švelniai troškinkite 20 minučių. Kepimo metu retkarčiais naudokite medinį šaukštą, kad šiek tiek susmulkintumėte jackfruto gabalėlius.

Įmeskite ryžius į sietelį ir gerai nuplaukite po šaltu vandeniu. Įdėkite į nedidelę keptuvę ir įpilkite 300 ml verdančio vandens ir žiupsnelį druskos. Uždenkite dangtį ir užvirinkite, tada pasukite žemyn ir labai švelniai troškinkite 8 minutes, kol visas vanduo susigers. Ryžius nukelkite nuo ugnies ir palikite 10 minučių garuose uždengti keptuvėje

Įmaišykite špinatus į jackfrutą ir pupeles, kol suminkštės. Paragaukite padažo ir, jei reikia, įberkite daugiau druskos.

Supilkite ryžius į kelis gilius dubenėlius, užpilkite gausiais samčiais jackfruit kario ir patiekite.

77. Ryžių plovas su pupelėmis, vaisiais ir riešutais

Paruošimo laikas: 10 minučių

Virimo laikas: 45 minutės

INGRIDIENTAI

1 1/2 puodelio ilgagrūdžių ryžių

1 valgomasis šaukštas neutralaus augalinio aliejaus

1 vidutinio dydžio svogūnas, smulkiai pjaustytas

1-2 mažos šviežios aitriosios paprikos, supjaustytos griežinėliais

2/3 puodelio razinų arba džiovintų spanguolių, arba jų derinys

1/3 puodelio virtų pinto pupelių

1/3 puodelio smulkiai pjaustytų džiovintų abrikosų

1/4 arbatinio šaukštelio ciberžolės

1/2 arbatinio šaukštelio cinamono

1/4 arbatinio šaukštelio malto arba šviežio muskato riešuto

1/2 arbatinio šaukštelio džiovinto baziliko

1/4 puodelio apelsinų sulčių

2 arbatiniai šaukšteliai agavos nektaro

1-2 šaukštai citrinos arba laimo sulčių, pagal skonį

1/2 puodelio skrudintų anakardžių

Druska ir šviežiai malti pipirai pagal skonį

KRYPTYS

Puode sumaišykite ryžius su 4 puodeliais vandens. Lengvai užvirkite, sumažinkite ugnį, uždenkite ir švelniai troškinkite 30 minučių arba tol, kol vanduo susigers.

Kai ryžiai iškeps, didelėje keptuvėje įkaitinkite aliejų. Suberkite svogūną ir čili pipirus ir pakepinkite ant vidutinės ugnies iki auksinės spalvos.

Įmaišykite ryžius ir visus likusius ingredientus, išskyrus riešutus, druską ir pipirus. virkite ant silpnos ugnies, dažnai maišydami, apie 8-10 minučių, kad skoniai susimaišytų.

Suberkite riešutus, pagardinkite druska, pipirais ir patiekite.

78. Pupelių ir ryžių cha cha cha dubuo

Porcijos: 6

INGRIDIENTAI

2 šaukštai alyvuogių aliejaus

2 skiltelės česnako, susmulkintos

1 stiklinė pjaustyto svogūno

1 puodelis nulupto, supjaustyto saliero

1 stiklinė pjaustytų morkų

1 arbatinis šaukštelis čili miltelių

¼ puodelio konservuotų žalių čili

1 svaras pinto pupelių

2 puodeliai virtų juodųjų pupelių

¼ Svogūno, grubiai supjaustyto

1 riebalai 263 kalorijos

2 puodeliai pjaustytų grybų

½ puodelio Rezervinis pupelių sultinys

2 šaukštai kapotos kalendros

Druska ir pipirai pagal skonį

3 puodeliai virtų ilgagrūdžių ryžių

1 valgomasis šaukštas citrinos sulčių

2 arbatiniai šaukšteliai druskos arba pagal skonį

INGRIDIENTAI

Dideliame giliame puode įkaitinkite alyvuogių aliejų ir pakepinkite česnaką, svogūną, salierą, morkas ir čili miltelius, kol svogūnas taps skaidrus.

Sudėkite čili ir grybus ir patroškinkite dar 5 minutes.

Įmaišykite pupeles, pupelių sultinį ir kalendrą. Pagardinkite pagal skonį.

Uždenkite ir troškinkite ant mažos ugnies apie 10 minučių, retkarčiais pamaišydami.

Patiekite ant ryžių.

79. Ropės, maišytos, kepti su pupelėmis

Paruošimo laikas: 10 minučių

Virimo laikas: 20 minučių

Porcijos: 2 žmonės

INGRIDIENTAI

1 valgomasis šaukštas alyvuogių aliejaus

2 violetinės viršutinės ropės - nušveisti, nupjauti ir supjaustyti kubeliais

3 puodeliai špinatų

1 15,5 uncijos. gali pinto pupelės - nusausinti ir nuplauti

1 valgomasis šaukštas šviežio imbiero - smulkiai supjaustyto

2 skiltelės česnako - spaustos arba maltos

1 valgomasis šaukštas medaus

1 valgomasis šaukštas ryžių acto

2 šaukštai sumažinto natrio sojos padažo

1 stiklinė ilgagrūdžių ryžių - virti, patiekimui

KRYPTYS

Jei valgiui reikia paruošti ryžius arba nesmulkintus grūdus, pradėkite tai prieš gamindami maišytuvą.

Didelėje keptuvėje ant vidutinės ugnies įkaitinkite alyvuogių aliejų. Sudėkite ropes ir kepkite, retkarčiais pamaišydami/vartydami 8-12 minučių arba kol švelniai apskrus ir suminkštės.

Kol ropės kepa, nedideliame dubenyje suplakite imbierą, česnaką, medų, ryžių actą ir sojos padažą. Į keptuvę sudėkite špinatus, pupeles ir padažą. Virkite 4-6 minutes arba tol, kol špinatai suvys ir maišoma keptuvė įkais.

Patiekite šiltą ant ryžių.

80. Ryžiai su ėriena, krapais ir pupelėmis

Porcijos: 8 porcijos

INGRIDIENTAI

2 šaukštai Sviesto

1 vidutinio svogūno; nulupti ir supjaustyti 1/4 colio storio griežinėliais

3 svarai ėriuko mentė be kaulų, supjaustyta kubeliais

3 puodeliai Vandens

1 valgomasis šaukštas druskos

2 stiklinės nevirtų ilgagrūdžių baltųjų ryžių, išmirkytų ir nusausintų

4 stiklinės krapų, šviežių; smulkiai supjaustyti

2 dešimties uncijų. Pinto pupelės

8 šaukštai sviesto; ištirpo

¼ arbatinio šaukštelio šafrano siūlų; sumalti ir ištirpinti 1 valgomajame šaukšte. šiltas vanduo

KRYPTYS

Sunkiame 3–4 litrų puode su sandariai uždarytu dangčiu ant vidutinės ugnies ištirpinkite 2 šaukštus sviesto.

Kai putos pradės slūgti, suberkite svogūnus ir, dažnai maišydami, kepkite apie 10 minučių arba kol griežinėliai gausiai apskrus. Su kiaurasamčiu perkelkite juos į lėkštę.

Pusšimtis gabalėlių vienu metu apkepkite ėrienos kubelius keptuvėje likusiuose riebaluose, vartydami juos žnyplėmis ar šaukštu ir reguliuodami šilumą, kad jie nusidažytų giliai ir tolygiai, nesudegdami. Kai jie paruduos, avienos kubelius perkelkite į lėkštę su svogūnais.

Supilkite 3 puodelius vandens į troškintuvą ir užvirinkite ant stiprios ugnies, tuo tarpu subraižykite rudas daleles, prilipusias prie keptuvės dugno ir šonų. Grąžinkite avieną ir svogūną į troškintuvą, įberkite druskos ir sumažinkite ugnį iki minimumo.

Sandariai uždenkite ir troškinkite apie 1 valandą ir 15 minučių arba tol, kol ėriena suminkštės ir pradurti mažo aštraus peilio smaigaliu nepasireikš. Avieną, svogūnus ir visą virimo skystį perkelkite į didelį dubenį ir atidėkite troškintuvą.

Įkaitinkite orkaitę iki 350 laipsnių. 5–6 kvortų puode užvirinkite 6 puodelius vandens. Lėta plona srovele supilkite ryžius, kad vanduo nenustotų virti. Vieną ar du kartus pamaišykite, greitai virkite 5 minutes, tada nukelkite keptuvę nuo ugnies, suberkite krapus ir pupeles ir nukoškite smulkiame sietelyje.

Į troškintuvą supilkite maždaug pusę ryžių mišinio ir suvilgykite jį «puodeliu ėrienos kepimo skysčio. Tada mentele ar šaukštu paskirstykite ryžių mišinį ant keptuvės kraštų.

Su kiaurasamčiu grąžinkite avieną ir svogūnus į troškintuvą ir išlyginkite ant ryžių.

Tada ant viršaus paskleiskite likusį ryžių mišinį. 2 šaukštus lydyto sviesto sumaišykite su 6 šaukštais ėrienos sultinio ir užpilkite ant ryžių. Puodą užvirinkite ant stiprios ugnies.

Sandariai uždenkite ir kepkite orkaitės viduryje 30–40 minučių arba tol, kol pupelės suminkštės ir ryžiai sugers visą troškinyje esantį skystį.

Norėdami patiekti, į nedidelį dubenį supilkite apie puodelį ryžių mišinio, suberkite ištirpintą šafraną ir maišykite, kol ryžiai taps ryškiai geltoni.

Ant įkaitintos lėkštės paskleiskite maždaug pusę likusių ryžių ir ant jos išdėliokite avieną. Uždenkite ėrieną likusiu paprastų ryžių mišiniu ir papuoškite šafrano ryžiais. Ant viršaus užpilkite likusius 6 šaukštus lydyto sviesto.

81. Sūrios Pinto pupelės

Paruošimo laikas: 10 minučių

Virimo laikas: 10 minučių

Porcijos: 4

INGRIDIENTAI

2 skiltelės česnako

1 jalapeño

1 valgomasis šaukštas kepimo aliejaus

2 15 oz. skardinės pinto pupelių

1/4 arbatinio šaukštelio rūkytos paprikos

1/4 arbatinio šaukštelio maltų kmynų

1/8 arbatinio šaukštelio šviežiai maltų juodųjų pipirų

2 šlakeliai karšto padažo

1/2 puodelio susmulkinto čederio sūrio

2 porcijos ilgagrūdžių ryžių, virtų

KRYPTYS

Susmulkinkite česnaką ir smulkiai supjaustykite jalapeño.

Į puodą įpilkite česnako, jalapeño ir kepimo aliejaus. Troškinkite česnaką ir jalapeño ant vidutinės ugnies maždaug vieną minutę arba tiesiog tol, kol česnakas taps labai kvapnus.

Į trintuvą supilkite vieną skardinę pinto pupelių su skysčiu ir sutrinkite iki vientisos masės.

Į puodą su česnaku ir jalapeño sudėkite ištrintas pupeles ir antrą skardinę pupelių. Maišykite, kad susijungtumėte.

Pupeles pagardinkite rūkyta paprika, kmynais, pipirais ir aštriu padažu. Išmaišykite, kad susimaišytų, tada kaitinkite ant vidutinės, retkarčiais pamaišydami.

Galiausiai suberkite susmulkintą čederį ir maišykite, kol jis tolygiai ištirps į pupeles. Paragaukite pupelių ir pagardinkite pagal savo skonį. Patiekite ant ryžių arba su mėgstamu patiekalu.

82. Ryžiai ir pupelės su baziliko pesto

Porcijos: 4 porcijos

INGRIDIENTAI

Daržovių kepimo purškalas

1 stiklinė susmulkinto svogūno

1 puodelis nevirtų ilgagrūdžių ryžių

$13\frac{3}{4}$ uncijos vištienos sultinio be druskos

1 stiklinė pjaustytų neluptų pomidorų

$\frac{1}{4}$ puodelio Komercinio pesto bazilikų padažo

16 uncijų pinto pupelių

KRYPTYS

Didelę keptuvę padenkite kepimo purkštuvu ir padėkite ant vidutinės-stiprios ugnies, kol įkais.

Pridėti svogūną; patroškinti 2 minutes. Įpilkite ryžių ir sultinio; užvirinkite.

Sumažinkite ugnį ir troškinkite neuždengę 15 minučių arba tol, kol ryžiai suminkštės ir susigers skystis.

Įmaišykite pomidorą, pesto padažą ir pupeles; virkite 2 minutes arba kol gerai įkais.

83. Šoninis kepsnys su pupelėmis ir ryžiais

Porcijos: 6 porcijos

INGRIDIENTAI

1½ svaro šoninis kepsnys

3 šaukštai Augalinis aliejus

2 lauro lapai

5 stiklinės jautienos sultinio

4 šaukštai alyvuogių aliejaus

2 svogūnai; susmulkinti

6 česnako skiltelės; malta

1 valgomasis šaukštas džiovintų raudonėlių

1 valgomasis šaukštas maltų kmynų

2 pomidorai; pasėti, susmulkinti

Druska; paragauti

Šviežiai maltų juodųjų pipirų; paragauti

Pinto pupelės

Virti ilgagrūdžiai balti ryžiai

2 šaukštai Augalinis aliejus

6 Kiaušiniai

KRYPTYS

Kepsnį pagardinkite druska ir pipirais. Sunkioje didelėje keptuvėje ant stiprios ugnies įkaitinkite augalinį aliejų. Sudėkite kepsnį ir kepkite, kol apskrus iš visų pusių. Sudėkite lauro lapus ir sultinį.

Sumažinkite ugnį ir troškinkite, kol kepsnys labai suminkštės, retkarčiais apversdami apie 2 valandas.

Nukelkite nuo ugnies ir leiskite mėsai atvėsti sultinyje. Išimkite mėsą iš sultinio ir susmulkinkite. Rezervuokite 1 puodelį virimo skysčio; likusį kepimo skystį pasilikite kitam naudojimui. Sunkioje didelėje keptuvėje ant vidutinės-stiprios ugnies įkaitinkite alyvuogių aliejų. Sudėkite svogūną ir pakepinkite iki auksinės spalvos.

Suberkite česnaką, raudonėlį, kmynus ir pakepinkite, kol pasidarys kvapnus. Sudėkite pomidorus ir toliau kepkite, kol išgaruos didžioji dalis skysčio.

Įpilkite susmulkintos mėsos ir 1 puodelį rezervuoto virimo skysčio. Pagal skonį pagardinkite druska ir pipirais. Jautieną, ryžius ir pupeles išdėliokite ant stačiakampio lėkštės trimis eilėmis su ryžiais centre.

Didelėje keptuvėje ant vidutinės ugnies įkaitinkite augalinį aliejų. Į keptuvę sumuškite kiaušinius. Kepkite, kol sustings. Patiekite ant pupelių, mėsos ir ryžių.

84. Afrikietiški ryžiai ir pupelės

Paruošimo laikas: 15 minučių

Virimo laikas: 35 minutės

Porcijos: 6

INGRIDIENTAI

½ puodelio raudonojo / palmių / arba rapsų aliejaus

2-3 česnako skiltelės susmulkintos

1 vidutinis svogūnas supjaustytas

1 valgomasis šaukštas rūkytos paprikos

1 arbatinis šaukštelis džiovintų čiobrelių

½ škotiško bonnet pipiro arba ½ arbatinio šaukštelio kajeno pipirų

4 kubeliais supjaustyti pomidorai

2 puodeliai plautų ilgagrūdžių ryžių

2 puodeliai virtų pinto pupelių

4 1/2 - 5 puodeliai vištienos sultinio arba vandens

1 šaukštas druskos ar daugiau pagal skonį

1/4 puodelio vėžių

1 arbatinis šaukštelis vištienos sultinio

KRYPTYS

Įkaitinkite puodą su aliejumi. Tada suberkite svogūnus, česnaką, čiobrelius, rūkytą papriką, aitriąją papriką, patroškinkite apie minutę, suberkite pomidorus. Kepkite apie 5-7 minutes.

Į keptuvę įmaišykite ryžius; toliau maišykite apie 2 minutes.

Tada suberkite pupeles, 4 1/2 puodelio vištienos sultinio/vandens, užvirinkite, sumažinkite ugnį ir troškinkite, kol ryžiai išvirs, maždaug 18 minučių ar ilgiau. Pakoreguokite druską ir pipirus. Retkarčiais turite pamaišyti, kad išvengtumėte nudegimų.

Patiekite šiltą su vištiena, troškiniu ar daržovėmis

85. Tumbleweed, pinto pupelių ir ryžių salotos

Porcijos: 6 porcijos

INGRIDIENTAI

¾ puodelio džiovintų pinto pupelių

1½ puodelio krumplių žalumynų arba garbanotų endivijų arba pankolio viršūnėlių, kruopščiai nuplautų ir nusausintų

1½ puodelio virti balti ilgagrūdžiai ryžiai

¾ puodelio saulėgrąžų aliejaus

3 šaukštai žolelių skonio raudonojo vyno acto

2 šaukštai kapotų šviežių česnakų

2 mažos česnako skiltelės, nuluptos

¼ arbatinio šaukštelio juodųjų pipirų

⅛ arbatinio šaukštelio druskos

Laiškinio česnako žiedai papuošimui

KRYPTYS

Pamirkykite pupeles per naktį vandenyje, kad apsemtų. Ryte pupeles nusausinkite, nuplaukite po šaltu tekančiu vandeniu ir sudėkite į puodą su šviežiu vandeniu, kad apsemtų.

Užvirinkite ant stiprios ugnies, tada sumažinkite ugnį ir troškinkite kelias valandas, kol pupelės suminkštės, o odelės pradės skilinėti.

Jei reikia, įpilkite vandens, kad pupelės neišdžiūtų, ir retkarčiais pamaišykite, kad nesudegtų ir nepriliptų. Nukelkite nuo ugnies, nukoškite ir leiskite atvėsti.

Dubenyje sumaišykite žalumynus, pupeles ir ryžius. Uždenkite ir šaldykite šaldytuve mažiausiai 30 minučių.

Blenderyje sumaišykite aliejų, actą, česnaką, česnaką, pipirus ir druską. Plakite dideliu greičiu, kol česnakai ir česnakai bus smulkiai sutrinti.

Padažą užpilkite ant salotų, išmaišykite ir papuoškite laiškinio česnako žiedais.

86. Pinto pupelių, ryžių ir daržovių salotos

Paruošimo laikas: 15 minučių

Virimo laikas: 15 minučių

Porcijos: 4

INGRIDIENTAI

2 puodeliai vandens

1 puodelis nevirtų ilgagrūdžių ryžių

15 uncijų skardinė pinto pupelių, nuplaunama ir nusausinta

1 raudona paprika

1 geltona paprika

5 žali svogūnai

¼ puodelio alyvuogių aliejaus

¼ puodelio obuolių sidro acto

1 valgomasis šaukštas Dižono garstyčių

1 arbatinis šaukštelis maltų kmynų

1 didelė česnako skiltelė

¾ arbatinio šaukštelio košerinės druskos

¼ arbatinio šaukštelio šviežiai maltų juodųjų pipirų

KRYPTYS

Į vidutinį puodą supilkite 2 puodelius vandens. Užvirinkite, tada suberkite nevirtus ryžius, išmaišykite, kad susimaišytų, ir vėl užvirkite. Uždenkite keptuvę ir sumažinkite ugnį kuo mažiau.

Troškinkite neatidarę dangčio 15 minučių, kol ryžiai suminkštės ir susigers vanduo.

Smulkiai supjaustykite paprikas. Smulkiai supjaustykite žaliuosius svogūnus. Susmulkinkite česnaką.

Dideliame dubenyje sumaišykite virtus ryžius, pupeles, smulkintus raudonuosius ir geltonuosius pipirus bei laiškinius svogūnus ir išmaišykite, kad sumaišytumėte.

Mažame dubenyje arba matavimo puodelyje sumaišykite alyvuogių aliejų, obuolių sidro actą, garstyčias, kmynus, česnaką, druską ir juoduosius pipirus, gerai išplakite, kad susimaišytų, tada supilkite ant ryžių mišinio.

Švelniai išmeskite, kad pasidengtų, tada nedelsdami patiekite arba laikykite šaldytuve iki 3 dienų.

87. Edamame ir Pinto pupelių salotos

Paruošimo laikas: 30 minučių

Virimo laikas: 10 minučių

PORCIJOS: 6

INGRIDIENTAI

DĖL APRENGIMO

1/2 puodelio sidro acto

1/4 puodelio alyvuogių aliejaus

1 1/2 arbatinio šaukštelio kmynų

1 arbatinis šaukštelis šviežiai malto česnako

Druska ir pipirai pagal skonį

DĖL SALOTŲ

3 stiklinės virtų ilgagrūdžių ryžių, atvėsusių

2 puodeliai edamame pupelių

1 oz. gali pinto pupelės

3/4 puodelio smulkiai pjaustytų raudonųjų pipirų

3/4 puodelio šviežios kalendros grubiai pjaustytos

Druska ir pipirai pagal skonį

KRYPTYS

Dubenyje su šluotele sumaišykite alyvuogių aliejų, actą, česnaką ir kmynus. Plakite iki vientisos masės, paragaukite ir pagardinkite druska bei pipirais. Atidėti.

Į atskirą didelį dubenį sudėkite virtus ryžius, edamame pupeles, smulkintus pipirus ir pinto pupeles.

Išmaišykite ir pagardinkite druska ir pipirais. Sudėkite susmulkintą kalendrą.

Nepilkite padažo prieš pat patiekiant. Iš pradžių įpilkite maždaug pusę ir paragaukite.

Gerai išmaišykite ir patiekite dideliame dubenyje, papuoštą kalendros lapeliais.

88. Ryžių ir pupelių salotos su maltu crudité

Porcijos: 4

INGRIDIENTAI

1¼ puodelio virtų ilgagrūdžių ryžių

1 puodelis virtų pinto pupelių – nuplautų ir nusausintų

2 šaukštai kapotų pekano riešutų – skrudinti

2 šaukštai maltos raudonosios paprikos

2 šaukštai malto raudonojo svogūno

3 šaukštai maltos šviežios kalendros

3 šaukštai žaliosios čili pipirai, supjaustyti kubeliais

⅓ puodelio Morkos – maltos

⅓ puodelio brokolių žiedynų – maltų

⅓ puodelio žiedinių kopūstų žiedynai, malti

Druska ir pipirai – šviežiai malti

2 puodeliai Iceberg salotos – susmulkintos

3 šaukštai Itališkų salotų be riebalų

KRYPTYS

Virkite pinto pupeles su saliero stiebeliu, morkos gabalėliu ir pankolio stiebeliu. Nuplaukite, nusausinkite, atvėsinkite.

Maždaug dvi ar tris valandas prieš patiekiant sumaišykite atšaldytus ryžius ir pupeles dideliame maišymo dubenyje. Morkas nulupkite ir supjaustykite 1 colio gabalėliais.

Smulkiai supjaustykite virtuviniu kombainu, kartu su 5-6 brokolių ir žiedinių kopūstų žiedynais. Įdėkite į dubenį ir išmaišykite.

Sausoje keptuvėje ant vidutinės ugnies paskrudinkite pekano riešutų gabalėlius apie 4 minutes. Nuimkite nuo ugnies. Leiskite atvėsti ir tada sudėkite į salotas.

Svogūną, raudonąją papriką ir šviežius kalendros lapus susmulkinkite rankomis. Susmulkinkite konservuotus čili pipirus.

Sudėkite į salotas ir gerai išmaišykite. Paragaukite ir pagardinkite druska ir pipirais. Gerai išmeskite.

Įpilkite 3 šaukštus salotų padažo. Mesti. Atvėsinkite. Patiekite ant plonai pjaustytų salotų lovos.

89. Pupelių ir ryžių Gumbo

Paruošimo laikas 5 minutės

Virimo laikas 20 minučių

Porcijos: 4

INGRIDIENTAI

2 puodeliai vištienos, virtos ir supjaustytos kubeliais

1 puodelis ilgagrūdžių ryžių, virti

2 15 uncijų skardinės pinto pupelių, nusausintos

4 puodeliai vištienos sultinio

2 šaukštai Taco prieskonių mišinio

1 puodelis pomidorų padažo

Priedai:

Tarkuotas sūris

Salsa

Susmulkinta kalendra

Susmulkintas svogūnas

KRYPTYS

Sudėkite visus ingredientus į vidutinį puodą. Švelniai išmaišykite.

Virkite ant vidutinės ugnies, troškinkite apie 20 minučių, retkarčiais pamaišydami.

Patiekite su priedais.

90. Čili con Carne

INGRIDIENTAI

500 g maltos/maltos jautienos
1 Didelis svogūnas susmulkintas
3 skiltelės česnako
2 (kiekviena po 15 uncijų) skardinė pjaustytų pomidorų
Pomidorų tyrės išspaudimas
1 arbatinis šaukštelis čili miltelių
1 arbatinis šaukštelis maltų kmynų
šlakelis Vusterio padažo
Druskos ir pipirų
1 Susmulkinta raudonoji paprika
15 uncijų skardinė nusausintų pupelių
Virti ilgagrūdžiai ryžiai, patiekti

KRYPTYS

Įkaitintoje keptuvėje su aliejumi pakepinkite svogūną iki beveik rudos spalvos, tada suberkite smulkintą česnaką
Sudėkite faršą ir maišykite iki rudos spalvos; jei norite, nusausinkite riebalų perteklių
Suberkite visus džiovintus prieskonius ir prieskonius, tada sumažinkite ugnį ir sudėkite pjaustytus pomidorus
Gerai išmaišykite ir supilkite pomidorų tyrę bei Vusterio padažą, tada palikite troškintis apie valandą.
Suberkite susmulkintus raudonuosius pipirus ir toliau troškinkite 5 minutes, tada suberkite skardinę nusausintų pupelių ir virkite dar 5 minutes.
Patiekite su ilgagrūdžiais ryžiais.

91. Veganiški ryžiai Gumbo

Paruošimo laikas: 5 minutės

Virimo laikas: 25 minutės

Porcijos: 4

INGRIDIENTAI

4 dideli saliero stiebai

3 didelės morkos

1 vidutinis svogūnas

1 arbatinis šaukštelis džiovintų čiobrelių

1 arbatinis šaukštelis džiovintų petražolių

1 arbatinis šaukštelis česnako miltelių

1 arbatinis šaukštelis druskos

1/2 arbatinio šaukštelio malto šalavijo

1 valgomasis šaukštas kokosų aminorūgščių

4 puodeliai daržovių sultinio

2 puodeliai vandens

2/3 puodelio ilgagrūdžių baltųjų ryžių

1 skardinė pinto pupelių

KRYPTYS

Daržoves supjaustykite kubeliais arba supjaustykite kąsnio dydžio gabalėliais.

Įdėkite didelį puodą ant viryklės ir įjunkite vidutinę ugnį. Puodo dugną apipurkškite avokadų aliejumi arba alyvuogių aliejaus purškalu. Pridėti daržovių.

Virkite daržoves 3-4 minutes.

Po 3-4 minučių suberkite prieskonius, lauro lapą ir kokoso aminorūgštis. Išmaišykite ir virkite dar 1-2 minutes.

Kol daržovės kepa, ryžius gerai nuplaukite.

Įpilkite 1/2 puodelio daržovių sultinio ir nubraukite puodo dugną / šoną, pašalindami nuo dugno rudus gabalėlius.

Į puodą įpilkite likusį sultinį, vandenį ir ryžius. Išmaišykite ir uždenkite. Pakelkite ugnį iki didelės.

Kai tik Gumbo užvirs, sumažinkite ugnį iki minimumo ir virkite 15 minučių.

Kol Gumbo kepa, nuplaukite ir nusausinkite pupeles. Ir pridėkite juos prie Gumbo.

Prieš patiekdami išimkite lauro lapus. Patiekite karštą.

92. Pupelių ir ryžių buritos

Porcijos: 10 porcijų

INGRIDIENTAI

1 skardinė Pinto pupelių

1 stiklinės ilgagrūdžių ryžių; virti

½ stiklinės svogūnų; šaldytas, susmulkintas

½ puodelio paprikos; šaldyta, susmulkinta

½ puodelio kukurūzų; sustingęs

Čili milteliai; brūkšnys

Salotos, susmulkintos

1 ryšelis laiškinių svogūnų; susmulkinti

kmynų; brūkšnys

Česnako milteliai; brūkšnys

¾ puodelio vandens

Salsa, be aliejaus, mažai natrio

10 tortilijų, nesmulkintų kviečių

1 pomidoras; susmulkinti

KRYPTYS

Sušaldytus svogūnus ir žaliąsias paprikas pakepinkite keliuose šaukštuose vandens keptuvėje.

Nusausinkite ir nuplaukite pupeles, sudėkite į keptuvę ir sutrinkite bulvių trintuvu. Įpilkite virtus ryžius, kukurūzus, prieskonius ir vandenį. Kaitinkite 5-10 minučių, kol didžioji dalis vandens susigers, retkarčiais pamaišydami.

Tortilijas greitai įkaitinkite įkaitintoje keptuvėje, skrudintuvo orkaitėje arba mikrobangų krosnelėje.

Įdėkite pupelių mišinio liniją kiekvienos tortilijos viduryje ir įpilkite arbatinį šaukštelį salsos ir bet kokių kitų priedų, jei norite.

Sulenkite ½ colio iš abiejų pusių, įkiškite viršutinį kraštą ir susukite į burito. Patiekite iš karto, jei norite, užpilkite papildoma salsa.

93. Ryžių ir pupelių suvyniojimas

Porcijos: 6

Premonto laikas: 20 minučių

Virimo laikas: 55 minutės

INGRIDIENTAI

1 1/2 puodelio salsos

1 puodelis virtų ilgagrūdžių ryžių

2 vidutiniai romų pomidorai, supjaustyti

1 maža paprika, supjaustyta 1/2 colio gabalėliais

1 skardinė pinto pupelių, nenusausintų

1 skardinė visas kukurūzų branduolys, nusausintas

6 sodo daržovių skonio miltinės tortilijos

1 puodelis susmulkinto meksikietiško sūrio mišinio

KRYPTYS

Įkaitinkite orkaitę iki 350 ° F. Ištepkite 1/2 puodelio salsos į neteptą stačiakampę 13x9x2 colių kepimo formą.

Sumaišykite ryžius, pomidorus, papriką, pupeles ir kukurūzus. Ant kiekvienos tortilijos užtepkite apie 1 puodelį ryžių mišinio;

susukite tortiliją. Į kepimo indą įdėkite salsą siūlėmis žemyn. Likusį 1 puodelį salsos uždėkite ant tortilijų. Pabarstykite sūriu.

Uždenkite ir kepkite 30–35 minutes arba tol, kol įkais ir sūris išsilydys.

Jei norite daugiau prieskonių, naudokite naujas jalapeño arba kalendros skonio tortilijas, kurias galite įsigyti prekybos centre.

94. Kepta Pinto Bean Flautas su ryžių miltais Tortilla

Paruošimo laikas: 25 minutės

Virimo laikas: 15 minučių

Porcijos: 25 flautas

INGRIDIENTAI

1/2 puodelio raudonojo svogūno

1/2 puodelio baltojo svogūno

2 šaukštai avokadų aliejaus

1 didelė kubeliais supjaustyta paprika

2 puodeliai pinto pupelių

1,5 stiklinės avinžirnių

1 skardinė pinto pupelių, nusausintų ir nuplautų

1/4-1/2 puodelio salsa verde

1 valgomasis šaukštas čili miltelių

1 valgomasis šaukštas česnako miltelių

1 valgomasis šaukštas kmynų

1/8 arbatinio šaukštelio kajeno pipirų arba paprikos

1/8 arbatinio šaukštelio raudonėlio

druskos, pagal skonį

2-3 šaukštai šviežios kapotos kalendros

2-4 puodeliai mėgstamų meksikietiškų sūrių, susmulkintų

25-30 mažų ryžių miltų tortilijų

KRYPTYS

Įkaitinkite orkaitę iki 385 laipsnių F.

Pakepinkite svogūną trupučiu aliejaus [2 šaukštai], kad suminkštėtų.

Tada dideliame dubenyje sumaišykite papriką, pupeles ir salsą.

Į mišinį įpilkite svogūnų ir pagardinkite čili milteliais, česnako milteliais, kmynais, kalendra, druska, kajenu ir raudonėliais.

Tada suvyniokite nedidelę krūvelę kukurūzų tortilijų [4-5] į drėgną popierinį rankšluostį ir įkaitinkite mikrobangų krosnelėje 30 sekundžių. Sekite tai dar 30 sekundžių.

Kai išvirs, apipurkškite arba patrinkite vieną tortilijos pusę aliejumi ir vertikaliai išilgai priešingos [neteptos] tortilijos centro įdėkite ploną sluoksnį daržovių įdaro. Uždenkite sūrio sluoksnį [tiek ar mažai, kiek norite!] ir švelniai apvoliokite tortiliją.

patarimas: jūsų garuose virtos tortilijos natūraliai pradės riestis viena aplink kitą. Tai visiškas pranašumas, nes jie natūraliai nori riedėti! Išvynioję tortilijas iš popierinio rankšluosčio, aliejumi patepkite pusę, kuri yra nukreipta į viršų, o tada įdarą dėkite į tą pusę, kuri susisuka į vidų. Viola!

Užsandarinkite kiekvieną flauta dviem dantų krapštukais ir padėkite ant vielinės kepimo / vėsinimo grotelės. Kartokite šiuos veiksmus, kol turėsite pilną lentyną flautų.

Padėkite juos ant grotelių ant folija išklotos kepimo skardos. Grotelės pakelia plokštes ir leidžia joms gražiai ir traškiomis iš abiejų pusių.

Pabarstykite gatavą produktą česnako milteliais ir kajeno pipirais.

Kepkite ant vidurinės grotelės, 385 F temperatūroje, maždaug 15-18 minučių. Pačioje pabaigoje įstatykite orkaitę kepti AUKŠTOJE temperatūroje vos mažiau nei minutę, kad tortilijos būtų traškios į idealiai auksinį, traškų lukštą.

95. Ryžių ir pupelių enchilados su raudonu padažu

Porcijos: 12 porcijų

INGRIDIENTAI

12 9 colių miltinių tortilijų; be riebalų

UŽPILDYMAS

1 valgomasis šaukštas rapsų aliejaus

2 svogūnai; susmulkinti

6 skiltelės česnako; malta

16 uncijų pomidorų padažo

1 valgomasis šaukštas čili miltelių

½ arbatinio šaukštelio raudonųjų pipirų dribsnių; sutraiškytas

2 arbatiniai šaukšteliai maltų kmynų

2 arbatinius šaukštelius druskos

5 puodeliai virtų ryžių

3 svarai virtų pupelių

Vanduo; kaip reikia

⅔ puodelio juodųjų alyvuogių be kauliukų; susmulkinti

8 uncijos Sharp čederio sūrio; tarkuotų

½ ryšulio kapotų kalendros lapų

KRYPTYS

Didelėje nepridegančioje keptuvėje arba keptuvėje įkaitinkite aliejų. Sudėkite svogūną ir česnaką ir pakepinkite, kol suminkštės. Įpilkite pomidorų padažo, čili miltelių, pipirų dribsnių, kmynų ir druskos. Virkite lėtai, neuždengę 15 minučių, kad susimaišytų skoniai.

Pusę pomidorų mišinio supilkite į išvirtas pupeles dubenyje. Išmaišykite, kad susimaišytų. Į likusią pomidorų mišinio pusę suberkite virtus ryžius.

Įkaitinkite orkaitę iki 350 F.

Didelę kepimo formą patepkite aliejumi. Ant kepimo indo dugno uždėkite ploną raudonojo padažo sluoksnį.

Padalijus įdarą 12 būdų, ant kiekvienos tortilijos sudėkite pagardintas pupeles, pagardintus ryžius, pjaustytas alyvuoges, sūrį ir kalendrą.

Tvirtai susukite ir įdėkite, siūle žemyn, vienu sluoksniu į kepimo indą.

Ant viršaus užtepkite likusio raudonojo padažo. Uždenkite pergamentu arba vaško popieriumi ir sandariai uždenkite folija. Kepame įkaitintoje orkaitėje 60 min. Nuimkite foliją ir popierių, pabarstykite 2 uncijos. rezervuoto sūrio ir kepkite dar 15 minučių.

Patiekite su šviežia žalia salsa.

96. Ryžių ir pupelių Quesadillas

Bendras laikas: 20 minučių

Porcijos: 4-6

INGRIDIENTAI

1 arbatinis šaukštelis alyvuogių aliejaus -

1 puodelis virtų ilgagrūdžių ryžių

15 uncijų skardinė pinto pupelių, nusausinta ir nuplaunama

1 arbatinis šaukštelis kmynų

1 arbatinis šaukštelis paprikos

3/4 arbatinio šaukštelio česnako miltelių

1/2 arbatinio šaukštelio svogūnų miltelių

4-6 tortilijos

Aštrus Čederio susmulkintas sūris

KRYPTYS

Įkaitinkite didelę keptuvę ant vidutinės ugnies ir sudėkite alyvuogių aliejų, ryžius, pupeles ir prieskonius. Virkite, kol įkais, apie 3 minutes.

Padėkite tortiliją ant pjaustymo lentos ir vieną pusę pabarstykite nedidele sauja sūrio 1/4–1/3 puodelio, o po to ant viršaus uždėkite tiek pat ryžių ir pupelių mišinio.

Sulenkite tortiliją ir sudėkite į lengvai riebalais pateptą skardą. Kepkite kesadiliją, kol sūris išsilydys ir kiekviena tortilijos pusė taps auksinės rudos spalvos, vieną kartą apverskite.

Prieš pjaustydami, leiskite kesadiljoms kelias minutes atvėsti.

97. Peru pyragas Tacu Tacu

Bendras laikas: 35 minutės

PORCIJOS: 2-4 porcijos

INGRIDIENTAI

SALSA CRIOLLA

1/2 mažo raudonojo svogūno, plonais griežinėliais

2 šaukštai kapotų šviežių kalendros lapų

2 šaukštai šviežių laimo sulčių

1/4 arbatinio šaukštelio aji Amarillo pastos

1/4 arbatinio šaukštelio košerinės druskos

DĖL TACU TACU

3 šaukštai vynuogių kauliukų arba dygminų aliejaus

1/2 mažo raudonojo svogūno, supjaustyto

2 česnako skiltelės, susmulkintos

1/2 arbatinio šaukštelio košerinės druskos ir daugiau pagal skonį

1 arbatinis šaukštelis aji Amarillo pastos

2 puodeliai virtų arba konservuotų pinto pupelių, nusausintų ir nuplautų

1 puodelis šaltai virtų ilgagrūdžių baltųjų ryžių

1 valgomasis šaukštas susmulkintų šviežių plokščialapių petražolių lapelių

1 valgomasis šaukštas susmulkinto šviežio raudonėlio

1 laimas, supjaustytas griežinėliais

KRYPTYS

Paruoškite salsą: vidutinio dydžio dubenyje sumaišykite svogūną su pakankamai šaltu vandeniu, kad apsemtų, ir palikite bent 10 minučių, tada nusausinkite. Sumaišykite su kalendra, laimo sultimis, aji Amarillo ir sal

Padarykite tacu tacu:

10 colių nepridegančioje keptuvėje ant vidutinės ir stiprios ugnies įkaitinkite 1 valgomąjį šaukštą aliejaus, kol suminkštės. Įmaišykite svogūną ir česnaką ir maišydami kepkite, kol lengvai paruduos, 5–6 minutes. Įmaišykite druską ir aji Amarillo ir supilkite mišinį į virtuvinio kombaino dubenį. Išvalykite keptuvę.

Į virtuvinį kombainą įdėkite 1 puodelį pupelių ir trumpai sutrinkite iki vientisos, bet stambesnės masės. Supilkite mišinį į didelį dubenį.

Į dubenį įdėkite likusią 1 puodelį pupelių, ryžius, petražoles ir raudonėlį ir išmaišykite, kad gerai susimaišytų. Paragaukite, jei reikia, įberkite dar druskos.

Grąžinkite keptuvę ant vidutinės ugnies ir supilkite dar 1 šaukštą aliejaus. Įpilkite ryžių ir pupelių mišinio ir mentele tolygiai paskirstykite ir lengvai supakuokite.

Kepkite, kol dugnas giliai apskrus, apie 7 minutes. Nukelkite nuo ugnies, apverskite lėkštę ant keptuvės viršaus ir abu atsargiai apverskite, kad pupelių ir ryžių pyragas apačia į viršų atsidurtų lėkštėje.

Grąžinkite keptuvę ant vidutinės ugnies, supilkite likusį 1 šaukštą aliejaus ir įdėkite pyragą atgal į keptuvę.

Kepkite dar 7 minutes arba tol, kol kita pusė labai apskrus, tada apverskite lėkštę ir dar kartą apverskite keptuvę, kad pyragas atsidurtų ant lėkštės.

Ant viršaus uždėkite salsos ir patiekite karštą su laimo griežinėliais.

98. Šarminiai troškinti žirniai su koldūnais

Bendras laikas: 40 minučių

Porcijos: 4

INGRIDIENTAI

1 puodelis džiovintų pinto pupelių, mirkyti per naktį
1 svogūnas, didelis
1 morka, didelė
3 česnako skiltelės
1 laiškinio svogūno stiebas
1 arbatinis šaukštelis čiobrelių
½ arbatinio šaukštelio maltų kvapiųjų pipirų
1 valgomasis šaukštas universalių prieskonių
druskos ir pipirų, pagal skonį
1 škotiškas bonnet pipiras, sveikas
1 puodelis kokoso pieno
1 šaukštas aliejaus

KUDRINIAI

1½ šaukšto. baltųjų ryžių miltų
1½ šaukšto. grikių miltų
1 valgomasis šaukštas bulvių krakmolo
½ šaukšto tapijokos miltų
1 valgomasis šaukštas migdolų miltų
¼ arbatinio šaukštelio druskos
2 šaukštai. vandens

KRYPTYS

Išmirkytas pupeles nusausinkite ir sudėkite į greitpuodį. Uždenkite gėlu vandeniu, maždaug coliu virš pupelių. Uždenkite ir kepkite apie 20-25 minutes.

Tuo tarpu susmulkinkite svogūną, česnaką, morką ir svogūną, tada sudėkite į dubenį.

Kitame dubenyje sumaišykite visus sausus ingredientus, kad susidarytumėte kukulius. Palaipsniui pilkite vandenį, maišydami kiekvieną kartą, kol pradės formuotis kieta tešla.

Padalinkite tešlą į maždaug 8-10 mažesnių gabalėlių. Kiekvieną gabalėlį susukite tarp delnų 3 colių ilgio virvėmis arba maždaug tokio dydžio kaip jūsų rožinis pirštas. Padėkite kukulius ant lėkštės.

Kai pupelės išvirs, prieš atidarydami leiskite greitpuodžiui sumažinti slėgį. Norėdami padėti, galite paleisti puodą po vėsiu vandentiekio vandeniu.

Nuimkite dangtį ir suberkite smulkintus prieskonius bei likusius prieskonius.

Supilkite kokosų pieną, kukulius ir troškinkite ant silpnos ugnies 10 minučių.

Sudėkite koldūnus ir virkite dar 5 minutes, kol koldūnai visiškai iškeps. Jei troškinys per tirštas, pagal poreikį įpilkite vandens. Nuimkite nuo ugnies. Patiekite su ryžiais ir garuose virtomis daržovėmis arba avokadu.

99. Okra Curry

INGRIDIENTAI

250 g okra (moteriškos pirštinės) - supjaustyti vieno cm gabalėliais
2 Valgomieji šaukštai tarkuoto imbiero
1 valgomasis šaukštas garstyčių sėklų
1/2 Valgomojo šaukštelio kmynų sėklų
2 šaukštai aliejaus
Druska pagal skonį
Suspauskite asafetida
2-3 šaukštai skrudintų žemės riešutų miltelių
Kalendros lapai

KRYPTYS

Įkaitinkite aliejų ir suberkite garstyčių sėklas. Kai jie supūs, pridėkite kmynų, asafetidos ir imbiero. Virkite 30 sekundžių. Įpilkite okra ir druskos ir maišykite, kol iškeps. Suberkite žemės riešutų miltelius, virkite dar 30 sekundžių. Patiekite su kalendros lapeliais.

100. Daržovių kokosų karis

INGRIDIENTAI

2 vidutinio dydžio bulvės, supjaustytos kubeliais
1 1/2 stiklinės žiedinių kopūstų – supjaustyti žiedeliais
3 pomidorai, supjaustyti dideliais gabalėliais
1 valgomasis šaukštas aliejaus
1 valgomasis šaukštas garstyčių sėklų
1 valgomasis šaukštas kmynų sėklų
5-6 kario lapeliai
Žiupsnelis ciberžolės – neprivaloma
1 valgomasis šaukštas tarkuoto imbiero
Švieži kalendros lapai
Druska pagal skonį
Šviežias arba džiovintas kokosas – susmulkintas

KRYPTYS

Įkaitinkite aliejų, tada suberkite garstyčių sėklas. Kai jie pasirodys, suberkite likusius prieskonius ir virkite 30 sekundžių. Įpilkite žiedinių kopūstų, pomidorų ir bulvių bei šiek tiek vandens, uždenkite ir troškinkite retkarčiais pamaišydami, kol iškeps. Turi likti šiek tiek skysčio. Jei norite sauso kario, tuomet pakepinkite kelias minutes, kol išgaruos vanduo. Įpilkite kokoso, druskos ir kalendros lapelių.

-

IŠVADA

Pirmosiomis Naujojo Orleano dienomis gumbas greičiausiai buvo patiekiamas kaip pirmasis patiekalas. Šiandien, atsižvelgiant į mūsų greitą gyvenimo tempą, gumbas paprastai laikomas patiekalu ant namų stalų. Restoranai labiau linkę laikytis senosios mokyklos stiliaus su gumbo kaip užkandžiu.

Prekybos vergais laikais okra į Naująji Orleaną atvežė afrikiečiai, kurie, kaip mano dauguma maisto ekspertų, per Karibų jūrą atvežė augalą į pietines plantacijas. Jis buvo vadinamas gombo arba kingombo bantu kalbomis ir buvo virtas, keptas, garintas arba marinuotas ir tiekiamas kaip tirštiklis ir skanus ingredientas, kuris puikiai dera su jūros gėrybėmis gumbose.

Šiandien „gumbo" reikšmė yra ne tik kulinarinė. Dauguma bet kokių mišinių gali būti vadinami gumbo – politiniu gumbu, šunų veisle, mados pamišimu. Tai populiarus gyvūnų pavadinimas; vienas ypač buvo senbernaras ir Naujojo Orleano šventųjų talismanas ankstyvaisiais gyvenimo metais.

Iš visų patiekalų, patiekiamų lydymo puodelyje arba gumbo, tai yra Pietų Luizianoje, šis aštrus vieno puodo patiekalas tapo teritorijos sinonimu. Pasakykite „New Orleans" ir mes galvojame „maistas" arba „gumbo".

www.ingramcontent.com/pod-product-compliance
Lightning Source LLC
Chambersburg PA
CBHW070502120526
44590CB00013B/722